여행자를 위한

청계천 인문학

과거와 현재, 미래를 잇는 징검다리

여행자를 위한

청계천 인문학

과거와 현재, 미래를 잇는 징검다리

장병권 저

(주)백산출판사

머리말

이 책은 청계천을 걸으며 과거와 현재를 체험하면서 독자들이 청계천을 잘 이해할 수 있기를 바라며 지었다. 그래서 책명도『여행자를 위한 청계천 인문학』으로 정했다. 시중에 청계천을 소개하는 많은 책을 읽고 정리하여 독자들에게 청계천이 지닌 과거의 역사와 현재의 모습을 제대로 전달하고, 청계천에 대해 자부심과 애정을 가질 수 있도록 미래까지도 염두에 두었다.

이 책은 2024년에『한양도성의 길』을 출간하면서 기획했다. 당시에도 서울 곳곳을 걸어 다니며 확보한 각종 자료를 바탕으로 '청계천 테마여행 코스'를 제안했는데, 청계천 지역은 역사와 문화, 산업과 활력, 자연과 생태 등의 자원이 풍부한 공간임을 느꼈다. 또한 청계천이 서울의 대표적인 관광자원으로서 손색이 없다는 확신에 따라 이를 대중에게 제대로 그리고 자세히 소개해야겠다는 생각에서 저술했다.

『여행자를 위한 청계천 인문학』을 출간하기까지 청계천을 수십여 차례에 걸쳐 답사했고, 관련 문헌과 자료 수집을 병행하여 원고 초안을 작성하고 수정 · 보완하기를 반복하여 완성했다. 청계광장에서 한양대 남쪽에 있는 살곶이다리까지 걸으며 청계천의 과거에서 현재와 미래를 찾아보고, 살곶이다리부터 청계광장까지 거꾸로 걸으면서 청계천의 현재에서 과거의 역사를 되새겨보았다. 그리고 청계천 변에 있는 서울역사박물관, 청계천박물관 등에서 제공하는 자료들이 큰 도움이 되었음을 밝혀둔다. 이를 통해 청계천은 조선 개국 이후부터 현재까지의 한국의 600년 역사가 잘 응축된 공간이라는 생각이 들었다.

지금은 깨끗한 물이 흐르고 하류로 갈수록 생태계가 잘 복원되어 있지만 청계천은 시대별로 큰 변화를 겪었다. 조선 개국 초기에는 '개천'이라 부를 정도로 '자연하천'이었으며 한양의 명당수로 인식되었다. 그러나 세종 대에 이르러 한양이 도읍지로 자리 잡으면서 청계천의 정체성에 대한 논쟁이 격해지자, 세종은 청계천을 잘 보전해야 할 명당수가 아니라 '생활하천'으로 규정했다. 이는 도시형성과 인구 집중에 따라 불가피하게 청계천에 생활하수의 배출구 기능을 부여한 것이다.

이를 계기로 청계천은 서서히 오염되었고 홍수가 날 때마다 토사가 다리 바로 밑까지 쌓여, 300년이 지나 영조 때 대대적으로 준천했다. 이러한 준천사업은 고종 때까지도 계속되었다. 그러나 일제강점기에는 청계천을 방치함으로써 '폐수하천'으로 전락하고 말았다. 여기에 6.25 한국전쟁을 계기로 내려온 월남민과 지방에서 올라온 상경민까지 청계천 변에 집중하면서 청계천의 오염은 날로 심해졌다. 산업화 시대로 접어들면서 청계천을 복개하여 도로와 고가를 만들면서 자연생태계보다는 산업활동 공간으로 변모하는 과정에서 감추고 싶은 '오염하천'으로 변질되었다.

1990년대로 들어와 청계천을 되살리자는 의식이 강해졌고, 이는 2000년대 복원사업을 통하여 청계천을 '생태하천'으로 되돌리는 계기가 되었다. 내사산에서 흘러드는 청계천 지류의 물이 거의 없다 보니 한강 물과 지하수를 끌어와 청계천의 물길을 만들 수밖에 없었지만, 이렇게라도 하지 않았다면 청계천의 복원은 요원할 수밖에 없었을 것이다. 그 덕에 청계천은 역사공간, 문화공간, 쇼핑구간, 운동공간, 생태공간 등을 새로이 제공함으로써 서울의 글로벌 이미지를 드높이고 모든 사람이 즐길 수 있는 '관광지향형 하천'으로 거듭났다.

현재 시점에서 청계천을 살펴보면, 도심지역, 동대문 지역, 그리고 하류지역에 따라 역사문화 콘텐츠, 산업활동 공간, 자연생태계라는 굵직한 콘텐츠를 보유하고 있다. 이 책은 청계천 전역을 수로를 따라 선(線, 구간)→점(點, 콘텐츠)→면(面, 구역)의 과정으로 재구조화, 재구성했다. 우선 서울의 도심부는 역사문화 콘텐츠가 풍부하며, 동대문 지역은 상업공간이 두드러지며, 하류지역은 자연생태계가 풍부하게 복원되어 있다. 따라서 이 책에서는 청계천의 구간을 다리와 주변

자원의 양과 특징을 기준으로 청계광장에서 세운교까지의 도심부를 '청계천 역사길', 세운교부터 무학교까지의 동대문 지역을 '청계천 활력길', 무학교부터 살곶이다리까지의 하류 지역을 '청계천 생태길' 총 3개 구간(區間)으로 나누었다.

그리고 구간별로 주변에 산재한 콘텐츠에 따라 총 9개의 구역(區域)으로 세분했다. 역사문화 콘텐츠가 풍부한 청계 역사길은 청계광장에서 모전교, 모전교에서 광교, 광교에서 삼일교, 삼일교에서 세운교까지 4개 구역으로 세분했다. 상업공간이 발달한 청계 활력길은 세운교에서 오간수교, 오간수교에서 영도교, 영도교에서 무학교까지 3개 구역으로 세분했다. 마지막으로 자연생태계가 잘 복원된 청계 생태길은 무학교에서 고산자교, 고산자교에서 살곶이다리까지 2개 구역으로 세분했다. 이상에서 정리한 3개의 구간과 9개의 구역은 각각 독특한 콘텐츠를 바탕으로 청계천의 여러 가지 기능과 특징을 여행자에게 잘 전달할 수 있다고 믿어 의심치 않는다.

이 책을 쓰고 나서 독자들에게 권하고 싶은 것이 있다. 첫째는 청계천을 물길을 따라 도보로 완주하되, 동시에 주변 지역을 둘러보면 좋을 것이다. 그래야 청계천의 진정한 의미를 이해할 수 있다. 또한 청계천 길을 걸을 때 청계광장에서 살곶이다리까지 과거부터 현대로의 여행과 더불어, 거꾸로 살곶이다리에서 청계광장까지 과거로의 여행을 병행하면 청계천에 대한 이해도가 높아질 것이다. 둘째는 도

보여행을 추천하지만, 자전거를 이용한 여행도 권하고 싶다. 청계천변 도로는 자전거 전용도로가 마련되어 있다. 특히 청계 생태길은 라이딩을 위한 최적의 공간으로 많은 사람이 몰리고 있다.

셋째는 청계천의 역사적 변천과 성격을 살펴볼 필요가 있다. 조선 개국 초기의 '자연하천'이 '생활하천'으로 변모한 배경을 살펴보고, 일제강점기와 산업화 시대에 '폐수하천', '오염하천'으로 전락했다가 21세기로 들어와 '생태하천'으로 재탄생한 과정에서 청계천이 글로벌 차원에서 관광여행의 최적지로 바뀌게 된 역사적 흐름을 살펴볼 수 있다. 넷째는 청계천이 조선시대 이래 '왕의 공간'이기도 했지만, 신하와 중인, 그리고 서민의 생활문화 공간이라는 점에서 청계천을 여행하면서 많은 인물을 찾아내는 것도 재미있을 것이다. 대표적으로 태조와 태종, 세종, 성종, 숙종, 영조, 정조 등의 왕들과 박지원, 이안눌, 정수동, 류관과 이수광, 박태원, 전태일 등 많은 신료와 일반 서민도 청계천과 같은 연관을 맺고 있다.

다섯째로 청계천의 사회문화적 기능을 살펴보는 것도 중요하다. 청계천은 조선 시대 내내 답교, 연날리기, 석전 등 휴식과 놀이의 공간이었다. 또한 소설의 배경이 되고 육교시사와 전기수가 활동하기도 했다. 청계천은 백탑파를 중심으로 실학이 태동한 곳이기도 하다. 그리고 산업화 시대에는 노동운동가 전태일 열사를 중심으로 한국 노동운동의 성지(聖地)이기도 했다. 아마도 그의 희생이 없었다면 우리나라의 노동 민주화는 매우 지체되었을 것이다.

끝으로 청계천을 걸으면서 자기만의 소중한 '청계 9경'을 선정하는 것도 묘미가 있을 것이다. 현재 서울시가 선정한 '청계 8경'은 청계천 복원 이후 새로이 조성된 시설을 대상으로 선정했다는 점에서 역사성이 부족하다. 따라서 청계천에 숨겨져 있는 콘텐츠를 찾아내어 재미있게 구경할 수 있는 '청계 9경'을 각자 발굴 · 제안하는 것도 의미가 있을 것이다.

이 책은 필자가 2024년에 출간한 『한양도성의 길』에서 제시한 10개의 서울의 미래형 테마여행 코스 중 하나인 '청계천 역사 · 생태 문화길 코스'를 심층적으로 답사하고 대안을 제시하기 위해 집필한 책이다. 당시는 청계천을 '역사길, 활력길, 휴식길, 생태길' 4개 구간으로 구분했지만, 이 책에서는 '역사길, 활력길, 생태길' 3개로 재분류했다. 대신 9개의 구역으로 세분하여 구역별 테마여행을 할 수 있도록 콘텐츠를 제시했다.

이 책을 쓰기 위해 청계천을 열 번 이상 종주했다. 매번 방문하면서 새로운 콘텐츠를 찾아내고 관련 문헌을 찾아 자료화했으며, 수많은 자료 사진을 확보하여 시각적 효과를 주고자 했다. 그리고 이 책을 쓰기까지 많은 분의 도움이 있었으므로 고마움을 표시하지 않을 수 없다. 특히 전작인 『한양도성의 길』을 직접 읽어주시고 최고의 격려를 해주신 백산출판사의 진육상 회장님께 감사드린다. 필자는

2024년 7월 한국관광학회가 수여한 '제1회 백산학술상'을 수상한 적이 있는데, 이번에도 멋진 책으로 만들어준 진성원 대표와 임직원들에게 감사드린다. 또한 내가 속해있는 호원대학교 강희성 총장님과 교직원들의 많은 성원에도 늘 감사한다. 그리고 관광분야 선후배 제현들의 격려와 성원에도 감사드린다. 끝으로 지난여름, 청계천을 걸으며 뜨거웠던 햇볕으로 30년 만에 얼굴이 검게 타 살갗이 벗겨진 내게 마사지를 해주며 헌신한 가족들에게 고마움을 전한다.

2025년 4월 30일

저자 **장병권** 씀

차례

머리말 • 004

1부 청계천 개관

1. 청계천의 과거와 역사 • 018

한양도성과 청계천 | 청계천의 발원지 '백운동천' |
청계천의 본래 명칭은 '개천'이었다 | 명당과 명당수

2. 청계천의 수계와 구간 나누기 • 031

청계천의 수계와 생활상 | 청계천의 호안석축 |
청계천의 옛 다리들 | 청계천의 구간 나누기

2부 청계 역사길

1. 청계광장에서 모전교까지 • 054

청계천 상징탑 '스프링' | 청계광장(청계 1경) | 신문박물관 |
소설가 박범신의 '청계천 살림의 어제 오늘 내일' |
소망석과 팔석담 | 다동·무교동의 역사와 음식문화의 거리

2. 모전교부터 광교까지 • 067

모전교 이야기 | 모전교와 박지원의 '허생전' |
광통교(청계 2경) 이야기 | 성종과 백성의 만남이 이루어진 광통교 |
광통교와 육교시사, 그리고 전기수 | 광통교 답교놀이 |
한국관광홍보관 '하이커 그라운드' | 운종가

3. 광교에서 삼일교까지 • 091

광교와 은행가 거리 | 광교와 박태원의 소설 이야기 | 보신각 |
종로 '젊음의 거리' | 장통교와 왈자 이야기 |
개천도감과 준천사 | 서울관광타운과 관광안내센터

4. 삼일교에서 세운교까지 • 121

청계천 복개사업과 청계고가도로 건설 | 삼일교와 베를린광장 |
한국천주교회 창립 터 | 정조대왕 능행반차도(청계 3경) |
전태일기념관과 전태일의 길 | 수표교 이야기: 연날리기 |
영희전과 숙종과 장희빈의 만남 | 두 번 장가간 이안눌 이야기 |
수표교와 정수동 이야기 | 관수교와 석전놀이 | 배다리 이야기

3부 청계 활력길

1. 세운교에서 오간수교까지 • 166

세운교와 세운상가 | 배오개다리·새벽다리·마전교 이야기 | 광장시장 | 버들다리(전태일다리) | 패션광장(청계 4경)과 문화의 벽 | 청계천 변 시장 | 청계천 헌책방거리

2. 오간수교부터 영도교까지 • 194

오간수문과 오간수교 | 영조의 준천사실, 정조어필과 준천가 | 흥인지문과 흥인지문공원 | 남소문동천과 이간수문 | 훈련원 터와 가산 | 청계천 변 가산과 판잣집 | 동대문역사문화공원 | 맑은내다리와 청계천 물 이야기 | 동대문 패션타운 관광특구

3. 영도교에서 무학교까지 • 226

영도교 이야기 | 단종과 정순왕후 이야기 | 관우사당 '동묘' | 다산교와 청계천 빨래터(청계 5경) | 황학교와 서울풍물시장 | 소망의 벽(청계 6경)과 리듬벽천 | 비우당교와 류관의 우산각 일화

4부 청계 생태길

1. 무학교에서 고산자교까지 • 248

무학대사의 전설을 담은 무학교 | 하늘물터(존치교각, 청계 7경) |
두물다리와 청혼의 벽 | 청계천 판잣집 '도시 오아시스' |
청계천박물관 둘러보기 | 청계천의 복원 과정

2. 고산자교에서 살곶이다리까지 • 261

김정호의 이름을 딴 고산자교 | 마장 축산물시장 |
버들습지(청계 8경) | 청계천 철새보호구역 |
청계천 생태습지원과 곤충호텔 | 살곶이공원과 살곶이다리 이야기

맺음말 • 278

청계천의 매력적인 콘텐츠들을 잘 관리하자 | 지속가능한 청계천을 만들자 |
서울의 관광경쟁력을 키우자

참고문헌 • 290

| 1부 |

청계천 개관

1 청계천의 과거와 역사

한양도성과 청계천

1392년 조선이 개국하고 1394년 태조 이성계가 도읍을 개경에서 한양으로 옮겼다. 도읍지 한양을 건설하면서 이성계는 "궁궐은 존엄을 보이고 정령(政令)을 내는 것이며, 성곽은 안팎을 엄중히 하고 나라를 굳게 지키는 것"이라 했다(이상해, 2014).

그러면서 가장 먼저 착수한 것은 궁궐을 짓고 도성을 쌓아 나라의 위엄을 세우는 것이었다. 1395년 궁궐과 종묘, 사직을 완성한 태조는 수도 방위를 위하여 이듬해 도성 축조에 착수했다. 총 59,500척(18.6km)에 이르는 도성을 쌓기 위해 전국에서 약 20만 명의 백성들이 동원되었다. 당시 평지는 토성, 산지는 석성으로 쌓았다. 2차에 걸친 총 99일의 대공사로 사대문과 사소문, 그리고 이를 잇는 성벽을 완성했다.

재미있는 것은 한양도성을 쌓으면서 도성 안에서 발원한 여러 물길의 흐름을 보면 한 움큼의 물도 성 밖으로 내보내지 않고 모두 청계천으로 모여들어 중랑천과 합류하여 한강으로 유입되었다는 점이다. 예외적으로 남산에서 발원한 남소동천의 두 물길 중 하나는 오간수문이 아니라 바로 옆에 있던 이간수문을 통해 청계천을 흘러 들어

갔다. 이것은 인왕산 서쪽에서 발원하여 지대가 낮은 한양도성 서남부를 거쳐 한강으로 흐르던 무악천을 한양도성에 포함하지 않은 것을 봐도 알 수 있다.

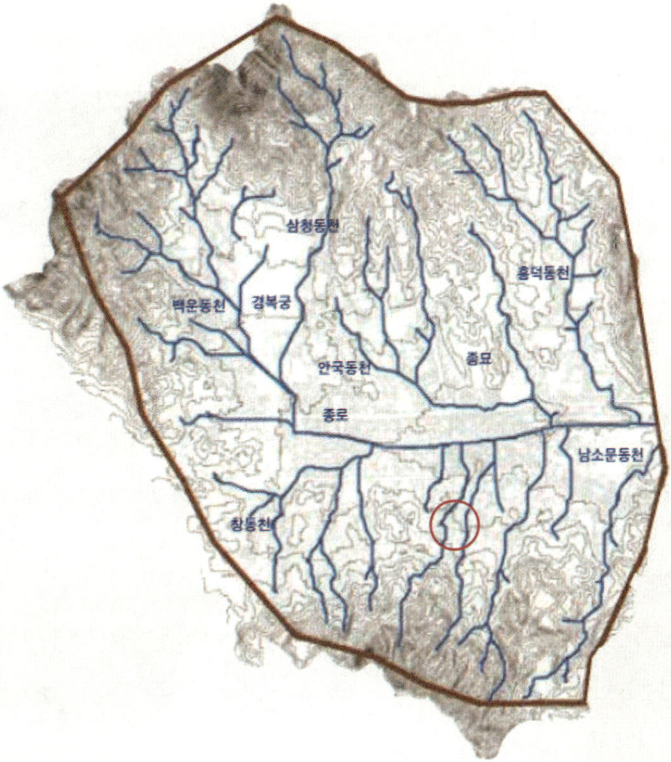

출처: 양승우(2020).

한양도성 내 주요 지천

그 결과 한양도성의 모양이 원형이나 정사각형이 아니라 타원형이 되었다. 성벽을 쌓으면서 물길도 염두에 두었다는 증거다. 한양도성 밖에서 발원한 안암천, 성북천, 정릉천 등도 청계천으로 합류했다.

청계천의 발원지 '백운동천'

청계천 발원지 표석

청계천의 발원지가 백운동천(白雲洞川)이라는 것에 대해서는 이견이 없는 것 같다. 버스를 타고 백악산과 인왕산 사이의 자하문 언덕에 오르면 1 · 21사태 때 순직한 최규식 경무관의 동상이 있으며, 그 옆 길가 모퉁이에 조그만 표석이 있는데, 제목이 '청계천 발원지'다. 내용은 "이 곳에서 북동쪽 백악산 정상 쪽으로 약 150m 지점에 항상 물이 흘러나오고 있는 약수터가 있으므로 이것을 청계천 발원지

(發源地)로 정하였다"라고 되어 있다. 표석에는 '백운동천'이라는 표현은 없지만, 여기에서 백운동천이 형성되어 청계천으로 흘러 들어갔다.

백운동천은 영조 때 제작된『준천사실』에는 "백운동래자(白雲洞來者)"로,『한경지략』에는 "백운동천수(白雲洞川水)"로,『동국여지비고』에는 "원출인왕산백운동(源出仁王山白雲洞)"으로 기록되었다(서울역사박물관, 2020). 백운동천은 청계천의 지류 중 가장 길어 청계천의 본류로 간주한다. 겸재 정선(鄭敾, 1676~1759)이 그린「백운동(白雲洞)」에서 계곡을 타고 흘러내리는 백운동천의 모습을 볼 수 있다. 백운동은 '흰 구름이 머무는 계곡'을 의미한다. 그리고 정선의 또 다른 그림인「창의문(彰義門)」에서 왼쪽 물줄기가 백운동천이다. 그림 위쪽에 있는 창의문을 중심으로 왼쪽이 인왕산, 오른쪽이 백악산이다. 그림으로만 보면 백운동

출처: 서울역사박물관.

정선의 '창의문(彰義門)'

천이 인왕산 자락에서 흘러내림을 알 수 있다. 백운동천 왼쪽 언덕이 지금의 자하문터널 위다. 그림 오른쪽 물줄기는 백악산에서 발원해 경복궁 안으로 흘러 들어가 삼청동천과 만나는 대은암천이다.

백운동천 및 옥류동천 주변과 광통교 위쪽 일대를 '웃대'라고 했다. 웃대는 산세가 수려하고 물이 맑아 시인, 묵객들이 자주 모였으며, 조선 중기에는 중인계층의 문학 활동이 활발했다. 특히 인왕산 일대는 우리 산천의 아름다움을 독자적인 화풍으로 담아낸 진경산수화의 산실이었다. 서울시 종로구는 진경산수화길을 마련해 놓았다.

백운동천의 발원지인 백악(白岳)은 유교를 신봉한 조선의 사상과 정기가 서린 곳이다. 참고로 백악은 지금의 백악산을 일컫는 말인데, 이는 명종(1170~1197) 때 한양 백악에 새 궁궐을 조성했다는 기록에서 처음 나온다. 백악산을 백악이라고 본격적으로 부르게 된 것은 풍수지리와 도참설(圖讖說)에 근거하여 조선을 건국하고 개경에서 한양으로 천도했던 정책 때문으로 추측한다(서울역사박물관, 2020).

1950년대 이후에는 지역명을 따 청운천(清雲川)으로 불리기도 했다. 현재는 계곡물이 유입되는 상류의 일부를 제외하고 완전히 복개되어 자하문로 등으로 쓰이고 있다. 복개되기 전 백운동천은 북에서 남쪽으로 흐르며 옥류동천, 사직동천, 경복궁 내수와 합류하여 청계천으로 연결되었다.

청계천의 본래 명칭은 '개천'이었다

청계천은 총연장 10.84km의 하천이다. 그러나 백운동천부터 시작하여 중랑천 합수부까지 합하면 13.7km이다. 청계천의 처음 이름은 개천이었다. 개천(開川)이라는 말은 '내를 파내다'라는 의미가 있다. 이와 비슷하지만, 하천을 개착(開鑿)하는 일이 개천이고 그렇게 개착된 하천 역시 개천이라는 주장도 있다(서울특별시, 2002). 지금 청계천이라는 말은 '맑은 계곡 내'라는 뜻으로 고려 때는 한양천, 경도천으로 불렀다.

조선시대에는 개천이라는 이름으로 표기했으며, 조선 후기 서울의 성곽, 궁궐, 산천, 고적 등의 형승과 연력을 기록한 유본예의 『한경지략』에 따르면, 개성의 시냇물을 개천이라고 한 것을 한성에서 그 이름 그대로 옮긴 것으로 알려졌다. 청계천은 사대문 안의 모든 물이 여기에 모여 동쪽으로 흐르다가 왕십리 밖 살곶이다리 근처에서 중랑천과 합쳐 서쪽으로 흐름을 바꾸어 한강으로 빠진다.

1822년에 그려진 「한양도(漢陽圖)」를 보면 청계천을 '개천(開川)'으로 표기했다. 그런데 일제강점기 때 신문을 보면 1916년 '개천'이라는 명칭 대신 '청계천'이라는 이름이 등장했다. 공식적으로는 1927년 1월 22일 '조선하천령'이 제정된 이후에 청계천으로 호칭했다(서울역사박물관, 2010).

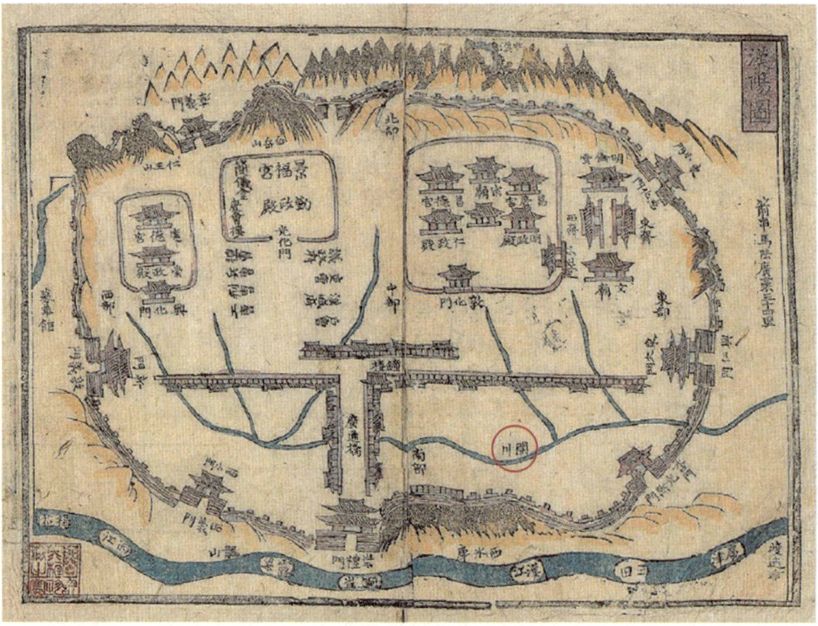

출처: 서울역사박물관(2010).

청계천의 본래 명칭(개천으로 표시된 한양도)

청계천이란 명칭은 경복궁 서북쪽의 백운동 부근을 흐르는 '청풍계천(淸風溪川)'을 줄여서 부르게 된 것이라는 설이 있다. 즉 청풍계천은 지금의 종로구 청운동 일대, 즉 지금의 청와대 서북쪽 백악산 바로 남쪽 기슭 일대의 골짜기를 일컫던 말이다. 따라서 청풍계천은 원래 지금의 청계천 상류인 백악산과 인왕산 사이의 골짜기 시내만을 일컫는 이름이다. 청풍계천은 백운동천으로 흘러드는 제1지류이며, 백운동천이 된 물길은 여러 지류를 받아들여 흐르면서 개천으로 흘러들었다. 원래 본류 · 지류 구분 없이 모두 합쳐 청풍계천이라 하던 것이 청계천이라 불린 것이다(도경재, 2020). 이 청풍계천은 한양의 중심가를 흐르는 지점에서는 개천이라 불렀다.

고려시대 때는 한양에 궁궐을 축조하고 남경(南京)을 건설했으나 사람들이 많이 살지 않았기 때문에 개천을 특별히 관리할 필요가 없었다. 그리하여 청계천은 조선 개국 초까지는 자연하천에 불과했다. 그러나 1394년 조선왕조가 한양에 도읍을 정하면서부터 청계천은 역사의 중심 무대로 등장하게 되었다. 개천 북쪽에는 궁궐과 종묘, 사직, 관아, 시전 등 국가의 주요 중추 기관이 들어섰다. 도성 한가운데를 동서로 가로질러 흐르던 개천은 본래 '자연하천'이었으나 점차 '생활하천'으로 변모했다.

특히 세종 때 시작된 석축제방 공사가 영조 때 마무리되자 임금이 친히 광통교로 나와 돈 20관을 다리 위에서 아래로 던져 아이들이 주워 갖게 하고 시를 지어 화답하게 했는데, 이때 '개천을 깨끗하게 치웠다'라는 뜻의 청개천(淸開川)이라는 글자가 점차 청계천(淸溪川)으로 바뀌었다는 설이 있다(조선일보, 2005). 당시 신문을 살펴보면 1916년경부터는 '개천'이라는 말은 거의 등장하지 않고, 대신 '청계천'이라는 이름이 등장한다(푸른숲발도르프학교, 2011).

일제강점기로 들어와 '개천'이 맑은 물이 흐른다는 의미의 '청계천'으로 바뀌었지만, 실제는 그와 정반대로 더러운 물이 흐르는 시내라는 뜻의 '탁계천(濁溪川)'으로 불리기도 했다. 일제가 청계천 남쪽에 집중 투자하면서 청계천 변에는 빈민들이 모여들기 시작했고, 위생 문제와 더불어 여러 가지 불미스러운 일들이 발생했다. 1945년 해방 시기의 청계천에는 토사와 쓰레기가 하천 바닥을 뒤덮었으며, 천변을 따라 어지럽게 늘어선 판잣집들과 거기에서 쏟아지는 오수로 심하게 오염되었다.

명당과 명당수(明堂水)

조선시대 한양은 풍수지리적으로 명당의 형국을 지녔다. 한반도의 조종산(祖宗山)인 백두산으로부터 내려온 지맥이 조산(朝山)인 북한산에 이어지고, 이 맥이 주산(主山)인 백악산으로 연결되었다. 주산인 백악산의 왼편으로는 좌청룡인 타락산, 오른편으로는 우백호인 인왕산이 자리 잡고, 남쪽으로는 안산(案山, 집터나 묏자리의 맞은편에 있는 산)인 목멱산이 위치하여 내사산을 이루었다(고동환, 2007).

풍수학자들은 새 나라의 수도가 될 만큼 좋은 땅을 다음과 같이 정의했다(장병권, 2024). 먼저 내사산(內四山)으로 둘러싸여야 한다. 가운데로는 내명당수(內明堂水)가 흐르고, 이를 감싸고 도는 외명당수(外

明堂水)도 있어야 한다. 내명당수와 외명당수의 흐름은 반대여야 한다. 내명당수가 흐르면서 빠져나가는 좋은 기운을 외명당수가 받아 왕에게 되돌려줘야 하기 때문이다.

앞서도 기술했듯이 조선시대 한양도성 안의 물길은 청계천으로 다 모였다. 청계천은 서울 시내의 백악과 인왕, 남산 등 여러 골짜기의 모든 물이 모여서 중랑천과 합류하여 한강으로 흘러 들어가는 내이다. 풍수에는 역(逆)을 중요 조건의 하나로 치고 있다. 그리하여 청계천을 역수라고 한다. 산수의 역이 없으면 지맥의 환포(環抱, 사방으로 둘러쌈)를 볼 수 없고 수구의 관쇄(關鎖, 문을 잠금)를 이루지 못하여 지기가 산류(散流, 흩어져 흐름)된다는 것이다.

옛 문헌들에 "이 하천은 서울 하수도의 주류를 이루는 것으로 우리나라의 강물이 모두 서쪽으로 흘러 바다로 들어가는데, 이 하천만 서쪽에서 동쪽으로 역수(逆水)하는 물기운이므로 한 나라 도읍지의 명당수(明堂水)가 된다"라고 했다. 본래 명당수란 '바람은 감추고 물은 얻는다'는 장풍득수(藏風得水)를 위한 산맥과 물길을 말하며, 명당인 대궐의 주변에 흐르는 물길을 말한다. 개천과 한강이 만나는 형상이 마치 태극(太極) 모양을 닮았다고 하여 예부터 한양이 명당의 자격을 갖추었다고 여겼다.

이 점에서 한양은 산수의 역(逆)을 충분히 얻은 것이며, 수류를 말하더라도 백악의 좌우 골짜기에서 흐르는 명당수는 시내를 동으로

서쪽에서 동쪽으로 흘러가는 청계천 물줄기

관류하여 왕십리를 지나 뚝섬에서 한강으로 들어간다(종로구, 1994). 풍수에서 세상만사는 순해야 하나 지리는 역해야 한다는 말이 있다. 거꾸로 흐르는 청계천의 역기(逆氣)가 사대문 안을 조선 도읍 터로 600년 세월을 버티게 한 힘이라고 한다(노주석, 2014). 그럼에도 명당수가 풍부하지 못한 것이 단점이며, 지금도 청계천을 흐르는 물은 대부분 한강에서 취수한 것이다.

그런데 조선팔도의 강물들은 거의 동원서류(東原西流)가 본이고 순리였다. 그런데 유독 한양의 개천만은 주변의 물을 모아 서쪽에서 동쪽으로 흐르는 것은 풍수설에서 순리를 범한 역리(逆理)라는 것이다. 오죽하면 도선을 비롯한 여러 사람의 명당지설을 인용하여 운하를 만들어 청계천을 서쪽으로 흐르게 한다면 명당의 조건을 갖추어질 것이라는 주장까지 있었다(이경재, 2002).

물론 서쪽에서 동쪽으로 흐르던 명당수는 경복궁 내에도 있었다. 경복궁 내에 인공적으로 파 놓았던 금천(禁川)을 말한다. 이 금천은 삼천동천(중학천)을 거쳐 청계천으로 흘러 들어간다. 중학천은 물이 맑아서 물장수들이 이 물을 퍼다가 팔기도 했다. 지금은 교보문고 뒤쪽에 중학천이 복원되어 있다. 중학교(中學僑)는 현재의 미국 대사관 뒤쪽에 놓여 있는 다리이다. 조선시대 서울 사학(四學) 중 하나인 중학(中學) 부근에 있다고 해서 다리 명칭도 중학교라는 이름이 붙었다.

조선시대 청계천이 명당수이기에 개천 관리도 철저히 해야 한다는 의견도 있었다. 세종 대 집현전 학사인 이현로(李賢老)가 상소하기를 '개천이 더러워져 악취가 심한 것은 사람들이 오물을 스스럼없이 버린 까닭이니 이를 엄하게 금하여 깨끗한 명당수로 흘러가게 해야 한다. 명당수가 오염되면 반역이 일어나고 흉측한 일들이 생기니 오물을 버리기를 엄금해야 한다'고 했다(이규태, 2008).

이러한 청계천은 오늘날 서울시민뿐만 아니라 세계인들의 쉼터이자 문화 · 관광 공간으로 탈바꿈했다. 이것이 가능했던 것은 조선왕조 내내 백성의 땀과 열정이 담긴 산물이라는 점을 잊어서는 안 된다. 즉 조선왕조 기간 전국의 백성들이 동원되어 축조된 사업은 한양도성과 청계천 준천 두 가지뿐이었다. 특히 청계천은 산으로 둘러싸인 도성 안의 지형과 집중호우가 자주 내리는 기후, 물이 잘 스며드는 모래하천이라는 특징으로 인해 수시로 범람하여 도성민의 생활을 끊임없이 위협했다.

그리하여 1411년 태종은 개거도감(開渠都監)을 설치하여 자연하천을 정비하고 축대를 쌓도록 했다. 개거도감은 후에 개천도감(開川都監)으로 개칭했다. 이때 충청도, 전라도, 경상도에서 올라온 52,800명이 두 달 정도 땀을 흘려 자연하천을 개천으로 바꾸었다. 또 한참 뒤인 1760년에 영조는 21만 5천여 명을 동원하여 57일 동안 대대적인 준천 작업을 했다.

조선시대에 왕들이 청계천에 공을 들인 이유는 여러 가지가 있다. 하나는 풍수지리상으로 서울을 가로지르는 하천인 청계천을 명당수로 유지해야 한다는 주장이었다. 당시 서울의 남쪽을 흐르던 외수 한강은 동쪽에서 서쪽으로 흘렀다. 이에 반해 도성의 중심을 가로지르는 청계천은 서쪽에서 동쪽으로 흘러, 풍수상으로 중요했으므로 이곳을 가꾸고 관리해야 한다는 의견이 있었다.

또 다른 주장은 하수도로서의 청계천이었다. 하수 설비가 없던 당시 청계천은 각종 오수와 쓰레기가 쌓이는 하천이었다. 결국 세종은 청계천을 생활하천으로 규정하면서 청계천은 수백 년간 서울의 궂은일을 맡게 됐다. 대신 조선왕조 500년 동안 도성에서 배출되는 많은 생활 쓰레기를 씻어내는 하수도의 기능을 함으로써 도성 전체를 깨끗하게 유지할 수 있었다(푸른숲발도르프학교, 2011).

2 청계천의 수계와 구간 나누기

청계천의 수계와 생활상

서울은 '산의 도시'라는 주장이 있다. 왜냐하면 안으로는 백악산, 인왕산, 목멱산, 타락산으로 둘러싸여 있고 밖으로는 삼각산, 덕양산, 관악산, 아차산이 도성을 호위하고 있기 때문이다(박현욱, 2006). 반면, 서울을 '물의 도시'라고 주장하는 이도 있다(양승우, 2020). 주변의 산에서 흘러내린 크고 작은 물길이 도성 곳곳에 생명수를 전해주고, 이 물길이 다시 개천으로 모여 도성을 서에서 동으로 가로질러 흐르는 큰 개천을 이루기 때문이다.

예로부터 서울에는 내수와 외수가 존재한다고 했다. 내사산에서 발원한 물줄기가 서울 한복판에서 한줄기를 이루니 이것이 개천이며 내수(內水)였다. 그리고 한강은 목멱산을 끼고 서울을 한 바퀴 휘감아 돌아 서해로 빠져나가니 서울의 외수(外水)이다. 그리하여 서울을 명당이라고 하는 것이다.

조선의 한양은 내사산의 능선에 성곽을 건설하고 각 산에서 발원한 물은 산세를 따라 24개의 지천이 중앙의 개천(開川)으로 모이는 형국이다. 그런데 도성 내 개천의 지천에 대해서는 문헌마다 다르다. 『준천사실』에는 23개로 분류했으며, 『한경지략』에는 15개, 『동국여지비고(東國輿地備考)』에는 대략 19개로 정리했다. 이를 종합하면 대략 24개 정도로 보면 될 것이다. 그리고 각 지천을 따라 소로가 형성되고 사람들이 모여 사는 전형적인 물의 도시라는 것이다.

조선왕조 내내 한양도성 안의 지천을 따라 북촌, 서촌, 남촌, 동촌, 중촌이 형성되었으니 그 주장이 맞다. 청계천이 동서 방향으로 관류하지만, 그 지천들은 대개 남북 방향으로 흘렀기 때문에 서울의 중로(中路)나 소로(小路) 역시 물길의 흐름에 따라 남북 방향으로 형성되었다.

1830년대 김정호가 제작한 「수선전도(首善全圖)」를 보면 당시 개천으로 흘러 들어가는 지천이 비교적 자세히 그려져 있다. 청계천은 현재 종로구와 중구, 동대문구와 성동구 사이를 구분하며 흐르며, 한양이 조선의 도읍으로 정해진 1394년 이래로 서울의 혈관(血管) 구실을 하고 있다.

종로가 길들의 중심인 것처럼, 청계천은 물길들의 중심 흐름이다. '모든 길은 종로로 통한다'라는 말이 있다(종로구, 1994). 옛 서울의 도시구조는 종로를 중심으로 한 계획도로망과 청계천을 중심으로 한 자연발생적인 수계가 엇물려 구성되었다. 이처럼 청계천은 종로와 짝을 이루는 도시의 통로였다(송인호, 2001). 또한 종로는 한국의 모든 길이 모이고 그곳에서 흩어지는 '국심(國心)'이었으며, 전국의 인물과 산물이 그것에 모이는 '나라의 심장부'였다(권오만, 2002).

서울의 옛 도성 내 전체적인 물길과 길의 구조도 서로 닮은 꼴을 하고 있다. 북쪽의 물길은 남쪽으로, 남쪽의 물길은 북쪽으로 흘러 청계천에서 만나듯 서울의 길들도 북에서 남으로, 남에서 북으로 연결되어 모두 종로에서 만난다. 서울 땅의 질서가 물길을 만들어내고 물길이 길의 기본구조를 형성하여 자연의 질서가 도시의 질서에 반영되었다(이상구, 2003).

특히 청계천은 북촌과 남촌의 경계 역할을 했다. 청계천박물관의 전시자료를 보면 이를 잘 표현하고 있다. 개천은 도성의 중심을 흐르며, 백악산 남쪽 아래 북촌과 목멱산(남산) 북쪽 아래 남촌을 공간적으로 나누었다. 개천 이북 북촌에는 궁궐과 주요 관청들이 자리를 잡았고, 권세 있는 양반들의 저택도 많았다. 반면 남촌에는 군영과 창

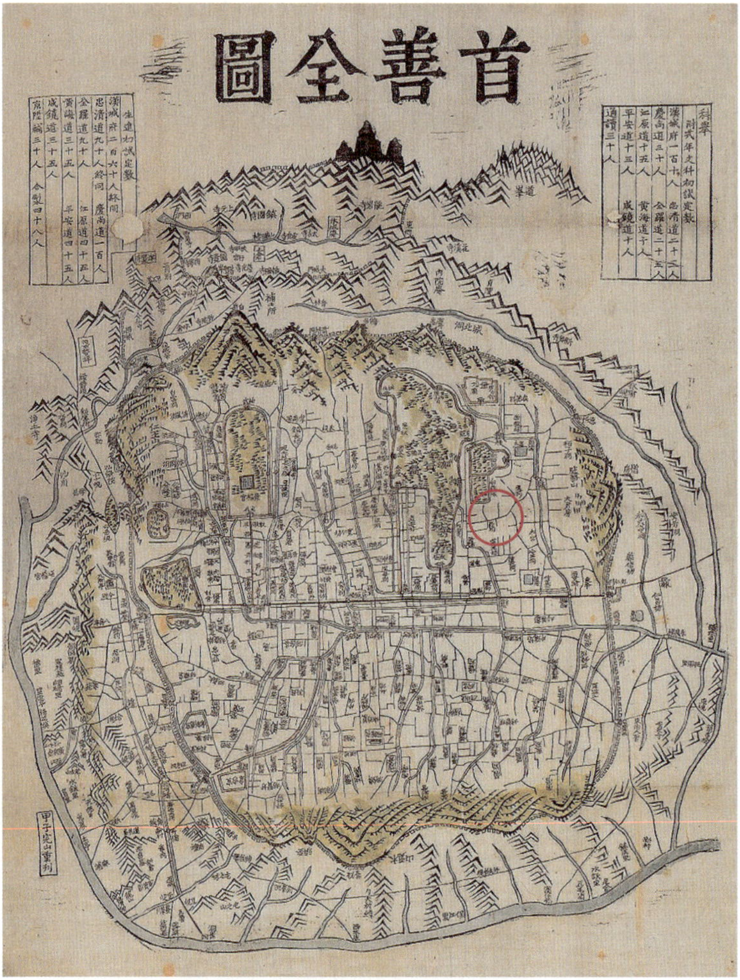

출처: 한국민족문화대백과사전.

김정호가 제작한 수선전도(首善全圖)

고 외에 변변한 국가시설이 없어 양반 중에서도 무반과 벼슬을 하지 못한 중하층 사람들이 많이 살았다. 1900년 10월 9일 자 『황성신문(皇城新聞)』에는 북촌과 남촌 사람들의 말투를 재밌게 표현한 기사가 났다. 즉 “북촌 사람들의 말투는 매우 부드럽고 조심스럽지만, 청계천 변 중촌 사람들의 말투는 거만하며, 남촌 사람들은 빠르다”라는 내용이다(청계천박물관 전시자료, 2024). 양반과 중인, 서민들의 모습을 적절히 표현한 것이 아닌가 여겨진다.

조선 후기에는 북촌과 남촌을 상징하는 ‘남주북병(南酒北餠)이라는 말도 생겨났다. 넉넉한 북촌은 맛있는 떡이 유명하고, 물이 맑은 남촌은 술을 잘 빚는다는 의미이다. 실제로 남촌에는 목로주점 등 주점이나 술도가가 많았고, 북촌에는 부잣집에서 잔치가 많이 떡집이 많았다. 개천을 기준으로 한양의 지역적 생활문화 특성을 잘 나타내는 표현이었다.

1812년 신위(申緯, 1769~1845)가 지은 시집인 『경수당전고(警修堂全藁)』를 보면 이에 대한 설명이 재밌게 기록되어 있다. 즉 “예전에 ‘남촌의 술, 북쪽의 떡’이란 말이 있다. 남촌의 술은 장흥방과 회현방에서 나는 것이 빛깔이며 맛이며 단연 최고였다. 한 잔만 마셔도 취했는데, 곧 깨면 깔끔하여 나라를 통틀어 최고의 명주로 알려졌다. 피로한 사람에게는 더욱 좋다”라고 칭송했다.

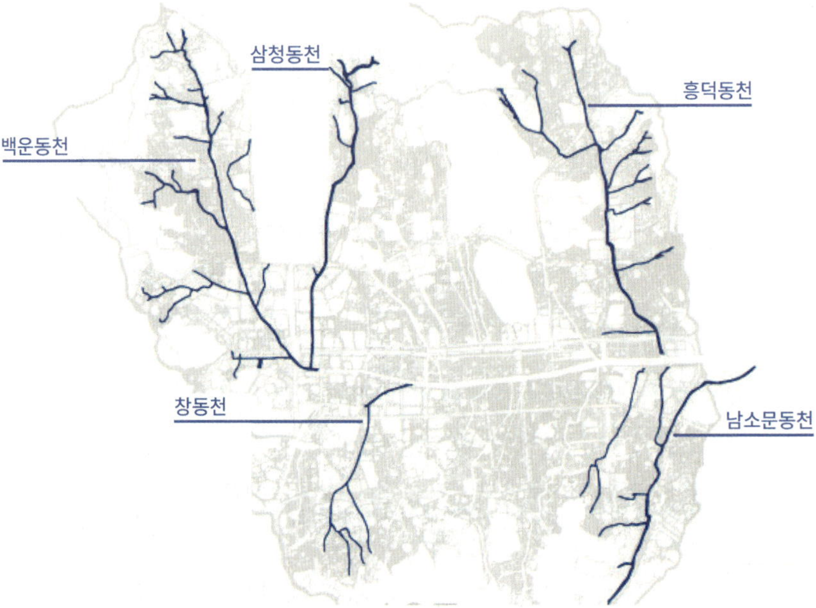

출처: 서울역사박물관(2020).

청계천의 주요 지류

청계천은 내사산의 골짜기에서 흘러내린 지류들이 합류하여 형성된 개천이다. 그중 대표적인 지천은 앞서 기술한 백운동천을 비롯하여 삼청동천, 남소문동천, 흥덕동천, 창동천을 들 수 있다. 첫째, 백운동천은 청운동에 있는 창의문 기슭에서 발원하여 경복궁 쪽으로 흐르는 하천이다. 발원지 근처의 골짜기 백운동을 지나 백운동천으로 불렸으며 청계천 원류로 간주했다 백운동천에서 발원한 개천은 신교

(新橋), 자수궁교(慈壽宮橋), 금천교(禁川橋), 종침교(琮沉橋), 송기교(松杞橋)를 거쳐 청계천으로 합류했다.

둘째, 삼청동천은 종로구 삼청동에 소재한 백악산의 동쪽 삼청동 계곡에서 발원하여 경복궁 동쪽을 따라 흘러 청계천으로 유입하는 하천이다. 백운동천과 함께 청계천의 상류를 이루는 중요한 지류였다. 셋째, 남소문동천은 중구 장충동에 있는 남산 인근에서 발원한 하천이다. 남소문동천은 광희 사거리 부근에서 물길이 갈라지는데, 주요 물길은 이간수문을 통해 청계천으로 흐르고 나머지 갈래는 종로 5가 인근에서 청계천에 합류한다. 과거의 물길이 아직 남아 있는 거의 유일한 하천이다.

넷째, 흥덕동천은 현재의 서울국제고등학교와 서울과학고등학교에서 발원한 두 하천이 합쳐서 물길을 이루는 하천으로 서울대학교병원 일대를 지나 청계천으로 흐른다. 과거 성균관의 서쪽과 동쪽에 흐르던 서반수, 동반수를 비롯해 용봉과 낙산에서 형성된 여러 지류를 가지는 하천이다. 다섯째, 창동천은 현재 중구 남산공원 백범광장 인근에서 발원한 두 개의 물길이 합류하여 남대문시장을 따라 을지로 1가에서 청계천으로 흘러드는 하천이다.

청계천의 호안석축

한양의 개천으로 불렸던 청계천은 '구거(溝渠)'나 '천거(川渠)'라 불리는 자연하천이었다. 평상시에는 마른 상태인 건천(乾川)이었으나 우기에는 인근 계곡에서 흘러내리는 물이 모두 이곳으로 모여 순식간에 불어남에 따라 개천이 범람하여 가옥이 침수되거나 다리가 유실되는 피해를 입었다. 따라서 개국 초기에 민심을 안정시키고, 새로운 도읍지에서 세력 기반을 강화하기 위해 개천 관리가 연중행사처럼 늘 중요한 과제로 떠올랐다. 그중에서 수도 한양의 배수시설을 확보하는 것이 중요했으며, 수차례에 걸쳐 청계천의 양안에 석축을 쌓고 준설공사도 시행했다(서울역사박물관, 2006).

보통 석축은 개천이 범람하여 흙이 무너지는 것을 막기 위해 쌓은 축대를 말한다. 개천 양안에 석축을 쌓는 것은 조선조 초기부터 시작되었다. 1497년(태종 7) 4월 한성부의 건의를 받아들여 천변 주거민을 중심으로 개천 양안에 둑을 쌓고 토사의 붕괴 및 유입을 차단하기 위해 나무를 심도록 했다. 1412년(태종 12)에는 개천공사 때 자의동 어귀에서 종묘동 어귀까지 상류 부분은 석축을 쌓고, 종묘동 어귀에서 수구문까지는 나무로 처리했다.

이후 영조 대에 이르러 석축 쌓기가 대대적으로 이루어졌다. 1773년(영조 49) 5월 석축을 정비하는 데 소요되는 물력(物力)을 관서지방에 비축해둔 소미(小米) 1만 석으로 충당하도록 하고, 6월 10일 개천 양안에 돌을 쌓는 석축작업을 시작했다. 당시 석축작업은 삼군문(三軍門)이 작업구간을 각자 나누어 진행했다. 이때 석축작업은 상석(床石)을 사용하고 굽은 개천의 유도를 직선으로 바꾸는 공사였다. 이후 개천 양안에 석축을 쌓는 일은 1870년(고종 7)에도 한 차례 있었다고 전해진다.

일반적으로 석축 쌓기의 방식은 막돌바른층쌓기, 막돌허튼돌쌓기, 다듬돌바른층쌓기 다듬돌허튼층쌓기로 구분한다(서울역사박물관, 2006). 그런데 청계천의 호안석축은 크게 두 가지 방식으로 축조되었다. 하나는 적심석(積心石, 돌 따위를 쌓을 때 안쪽에 심을 박아 쌓는 돌) 위에 치석한 화강석을 층마다 높이를 일정하게 맞추어 다듬돌허튼층쌓기 하는 방식이다.

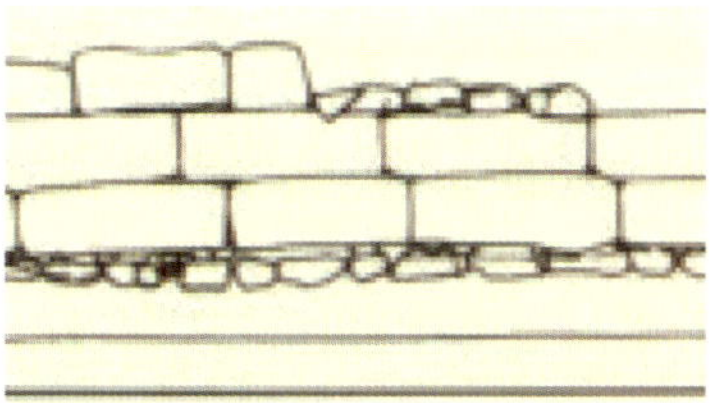

다듬돌허튼층쌓기 방식

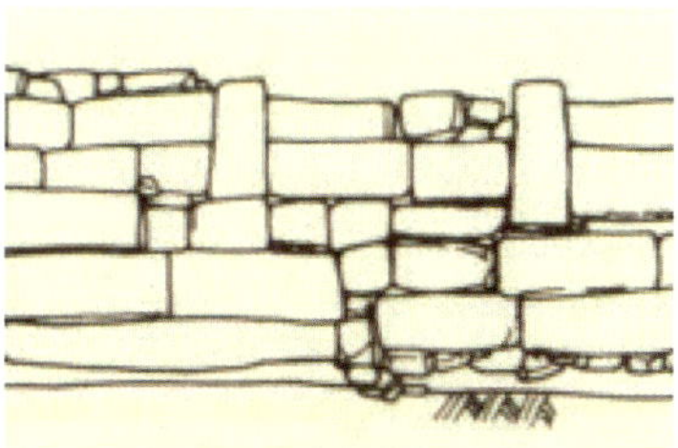

다듬돌구획쌓기 방식)

출처: 서울역사박물관(2006).

청계천 호안석축 방식

다른 하나는 적심석 위에 1단 또는 2단의 석재를 가로로 바르게 쌓은 다음 장대석을 세로로 세워 쌓아 마치 구획을 한 듯이 쌓는 다듬돌구획쌓기 방식이다(서울역사박물관, 2006). 이러한 석축 쌓기를 통하여 다소 굽은 형태였던 개천이 직선으로 바뀌는 계기가 되었다. 또한 호안석축을 발굴함으로써 조선시대 토목공사 기술과 이를 추진할 수 있었던 경제력도 가늠할 수 있다.

2000년대 들어와 청계천 복원사업을 할 때 출토된 유물을 보면 청계천 주변이 조선시대 서울의 중심이었음을 알 수 있다. 청계천 변에서 다수의 건물지가 발견되어 생활용품이 많이 발굴되었다. 광통교에서는 백자접시, 사발, 대전, 잔, 토제 귀면상, 석제탕기, 동전 외 다수가 발견되었고, 수표교 부근에서는 분청사기병, 청자잔, 접시, 청동숟가락, 동전 등 다수가 발견되었다. 그리고 청계천 복원 시 발굴된 목재를 보면 진도, 완도, 제주도와 같은 도서 지역은 물론 영호남 지역, 압록강 지역에서 생산한 나무들의 유구가 발견되어 전국에서 식생하는 것들로 채워졌음을 알 수 있다(서울역사박물관, 2006).

청계천의 옛 다리들

청계천을 본격 여행하기 전에 조선시대 청계천에 세워진 다리를 간단히 살펴보는 것도 좋다. 다리는 재료에 따라 흙다리(土橋), 나무

다리(木橋), 돌다리(石橋)로 구분된다. 광통교는 처음에는 흙다리였으나 나중에 돌다리로 다시 건설했다. 전통사회에서 다리는 단순히 물을 건너기 위한 수단만이 아니라, 사람들의 생활문화 속에 깊숙이 자리했기 때문이다. 마땅한 공공장소가 없었던 시절에 다리는 약속과 모임의 장소였고, 길 가던 사람들이 쉬어 가는 쉼터이기도 했다.

다리 이름을 참고하여 동네 이름을 짓거나, 반대로 부근 동네 이름을 따서 다리에 붙이기도 했다. 다리에서 여러 사람이 함께할 수 있는 놀이가 생겨났으며, 웃음과 지혜가 담긴 재미있는 이야기가 탄생하기도 했다. 청계천의 옛 다리들은 도성 안의 다른 곳에 놓여 있던 다리보다 크고 많은 사람이 오고 갔다. 그만큼 청계천의 옛 다리들은 저마다 많은 이야기들을 담고 있으며, 청계천의 중요한 문화적 유산이었다.

개천에 설치된 다리들은 점차 확장되어 갔다. 이는 단순히 다리 구조물만 확장했다는 의미가 아니다. 다리는 도로를 연결하는 구조물이므로, 도로의 확장에 맞추어 다리도 확장했던 것이다. 이는 물류량의 증가를 반영한 것이며, 당시 한양 인구의 증가와 상업의 발달이 큰 몫을 했다(홍지윤, 2006). 조선 초기에 한양 인구는 1428년 기준으로 10만이었으나 400년이 지난 1800년에는 25만, 1935년에는 40만, 1940년에는 94만, 1949년에는 150만, 1950년에는 250만, 1980년에는 840만, 1990년에는 1,060만으로 기하급수적으로 늘어났던 것에서도 알 수 있다(이헌창, 2006). 약 560년 만에 서울의 인구가 100배 이상 늘어난 것이다.

1451년(문종 1)에 편찬된 『세종실록지리지』에는 도성 내 다리로 혜정교, 통운교, 북광통교, 남광통교 등 4개만 실려 있었다. 그러나 1481년(성종 12)에 처음 편찬된 『동국여지승람』에는 18개의 다리가 소개되어 당시 도성의 요로에는 거의 다리가 축조된 것으로 보인다. 영조 때 『준천사실』에는 39개, 『한경지략』에는 47개의 다리 명칭을 찾을 수 있다. 『동국여지비고』에는 도성 내 다리로 50개, 『대동지지(大東地志)』는 『한경지략』과 함께 54개의 다리를 소개했다. 물론 다리의 위치나 명칭에는 다소 차이가 있다(박현욱, 2006).

조선시대에 '개천'이라고 할 때는 본류만을 칭하고 상류인 백운동천은 포함하지 않았다. 그런데 『준천사실』을 보면, "영도교에서 송기교까지 3천여 보"라는 표현이 있어 송기교부터 개천에 속한 다리로 보는 견해도 있다. 즉 백운동 계곡에서 송기교까지는 백운동천(약 3km), 송기교부터 중랑천 합수부 지점까지를 개천(8km)으로 보는 것이다. 발원지부터 중랑천 합수부 지점까지 대략 11km다. 그리고 개천의 너비는 최대 기준으로 볼 때, 개천의 상류는 최대 12.5m이나 장통교 부근은 약 25m로 넓어졌고, 영도교 지점도 약 66.7m로 더 넓었다.

청계천 주요 지점의 너비

<table>
<tr><th colspan="2">준천사실
(1760년)</th><th colspan="2">동국여지비고
(1870년)</th><th colspan="2">조선지형도집성
(1921년)</th></tr>
<tr><th>구간(부근)</th><th>너비</th><th>구간</th><th>너비</th><th>구간(지점)</th><th>너비</th></tr>
<tr><td rowspan="2">상류, 지천
부근 다리</td><td rowspan="2">10여 보~
2.3보
(12.5m~
2.5m)</td><td rowspan="2">송기교에서
장통교까지</td><td rowspan="2">10여 보
(12.5m)</td><td>송기교 지점</td><td>9.9m</td></tr>
<tr><td>광통교 지점</td><td>10.4m</td></tr>
<tr><td>영풍교,
하량교,
수표교,
장통교
부근</td><td>24보
(20.7m)</td><td>장통교에서
태평교까지</td><td>20여 보
(24.9m)</td><td>장통교</td><td>22.4m</td></tr>
<tr><td>태평교
부근</td><td>32보
(39.8m)</td><td rowspan="3">태평교에서
영도교까지</td><td rowspan="3">30여 보
(37.5m)</td><td>태평교 지점</td><td>31.5m</td></tr>
<tr><td rowspan="2">영도교
부근</td><td rowspan="2">53보
(64.9m)</td><td>오간수문 지점</td><td>61.5m</td></tr>
<tr><td>영도교 지점</td><td>66.7m</td></tr>
</table>

출처: 박현욱(2006).

청계천의 옛 다리는 영조 때 9개의 다리와 1개의 수문이 있었다는 점에 근거하여, 상류 지천에 있었던 송기교를 제외하고 9개로 선정했다. 구체적으로는 모전교, 광통교, 장통교, 수표교, 하랑교, 영풍교, 마전교, 오간수문, 영도교가 해당한다.

첫 번째 다리는 모전(隅廛) 부근에 있던 모전교다. 모전이란 각종 과일을 파는 가게를 뜻한다. 이 다리는 1412년(태종 12)에 돌다리로 세워졌다. 당시 다리 이름은 '신화방동입구교'였는데 영조 때 모전교로 개칭했다.

두 번째 다리인 광통교는 육조거리~운종가~숭례문으로 이어지는 도성 안 중심 통로였으며, 주변에 시전이 자리 잡고 있어 도성에서 가장 많은 사람이 왕래하던 다리였다. 다리의 원래 이름은 '광통방에 있는 큰 다리'라는 뜻의 대광통교였다. 1958년 청계천 복개와 함께 도로 밑에 묻혔었고, 현재의 광교 거리 지하에 남아 있었다.

세 번째 다리는 중부 장통방에 있었으므로 장통교라고 했다. 백악과 인왕에서 흘러 내려온 물과 남산에서 흘러 내려온 물이 삼각동을 지나 합쳐지니 여기서부터 청계천의 하폭은 크게 넓어진다. 하폭이 넓은 만큼 다리도 길어야 했으니 자연스레 '장교(長橋)', '장통교(長通橋)'라는 이름이 붙었다. 지금의 장교동도 여기서 유래한 것이다. 장통교는 청계천 본류와 남산에서 내려오는 물길이 만나는 지점에 있었으며, 현재는 장교동 한화빌딩 앞에 놓여 있다. 청계천을 복개하기 전 다리 서쪽 기둥에 "신미개조(辛未改造)", "기해개조(己亥改造)"라는 여덟 글자가 남아 있었는데, 이로 미루어 두 차례에 걸쳐 보수되었음을 알 수 있다.

네 번째 다리는 수표교로 광통교와 함께 가장 유명한 다리다.

1420년(세종 2)에 건설된 당시, 이곳에 마전(馬廛)이 있어서 마전교라 불렀으나, 1441년(세종 23)에 다리 옆에 개천의 수위를 측정하기 위해서 수표석(水標石)을 세운 이후 수표교라고 했다. 1959년 청계천 복개공사 때 장충단공원으로 옮겨 보존하고 있다. 서울 시내 한복판에 있었기에 청계천 다리 중 광통교와 더불어 가장 많은 이야기가 전해진다. 영희전을 다녀오던 숙종과 장통방에 살던 장희빈의 만남 이야기가 대표적이다.

다섯 번째 다리는 하랑교로, 근처에 임금의 사위였던 하랑위(河浪尉)의 집이 있었기 때문에 하랑교라는 이름이 붙었다. 새로 놓은 다리라 하여 '신교(新橋)'라고 불리기도 했다. 일제강점기 때 콘크리트 다리로 개축되었다가 1950년대 말부터 시작된 청계천 복개사업으로 없어졌는데, 2003년 7월부터 청계천 복원사업을 하면서 기초석인 유구(遺構)가 남아 있는 것이 확인되었다. 이로 미루어 보아, 하랑교는 지금의 종로구 장사동과 중구 입정동 사이인 청계 3가 센트럴호텔 자리에 있었던 것으로 추정된다.

여섯 번째 다리는 영풍교로 부근에 소경이 많이 살았다고 하여 '맹교(盲橋)', '소경 다리', '효경교'라고도 불렀다. 영풍교 밑에는 대광통교와 더불어 거지 떼들이 사는 움집이 많았고, 매년 섣달에는 왕이 관리를 보내 이들이 굶어 죽지 않도록 보살폈다. 영풍교는 현재 세운상가 옆 아세아 전자상가 동편에 있었다.

일곱 번째 다리인 마전교는 다리 근처에 우마를 매매하는 마전(馬廛)이 있어서 붙은 이름이다. 창덕궁 후원에서 발원한 물길과 남산의 묵사동천에서 발원하여 개천에 합류하는 지점에 있었으며 현재 청계 5가 사거리 동쪽 방산시장 앞으로 추정한다. 이 다리는 성종 연간에 태평교라 불렀고, 영조 때에 마전교, 오교라 불렀다.

여덟 번째 다리인 오간수문은 청계천 물이 성 밖으로 빠져나가도록 성벽 아래에 설치한 수문(水門)으로, 이것이 다섯 개 있었으므로 오간수문이라고 했다. 다만 성벽을 지키고 수문을 관리하기 위하여 그 앞에 긴 돌을 놓아 다리의 기능을 병행케 했다. 그러나 1908년 일제에 의해 파괴되고 다리가 놓였으며, 이때부터 오간수교(五間水橋)라고 불렀다.

아홉 번째 다리인 영도교는 조선 성종 때 승려가 놓았다고 전해진다. 흥인지문 밖에 있는 동묘(東廟)와 왕십리를 연결하는 통로였다. 고종 초 대원군이 경복궁을 중수할 때 헐어다가 석재로 사용했으며, 일제강점기 때 콘크리트 다리로 개축되었다.

이처럼 조선시대의 다리 중 일부는 복원되었으나 하랑교와 영풍교는 복원되지 못했다. 당시 청계천에 놓인 다리들은 이동 통로인 동시에 여가 공간의 기능도 담당했다. 조선 후기 소설책을 읽어주던 전기수는 주로 청계천 다리 위에서 책을 읽어주었으며 다리밟기나 연날리기도 다리 위에서 행해졌다. 현재 청계천에는 모전교에서 고산자교까지 총 22개의 다리가 있다.

청계천의 구간 나누기

그동안 청계천 복원사업으로 많은 방문객이 찾아왔지만, 청계 1가 광장에서 한양대 앞 살곶이다리까지 테마별로 연계 개발하는 것에 관해서는 관심이 부족했다. 청계천 복원 기본계획은 청계광장~광장시장 구간은 역사 · 전통, 광장시장~난계로 구간은 문화 · 현대, 난계로~신답철교 구간은 자연 · 미래, 그리고 신답철교~살곶이다리 구간은 철새 보호구역으로 조성하는 것이었다.

출처: 청계천박물관.

청계천 복원 기본계획에 반영된 청계천 구간별 테마

이처럼 청계천은 서울 도시구조의 원형을 정한 뼈대 구실을 해 왔으며, 시민들의 일상과 깊이 관련 맺은 생활하천이었다. 청계천 복원 이후 청계광장에서 동대문역사공원 변 오간수교까지는 방문객들이 많지만, 이후 중랑천과 합류하는 살곶이다리까지는 아직 지역주민의 공간으로 남아 있다.

서울연구원은 「청계천 지역의 문화적 이용과 발전방안」이라는 보고서에서 청계천의 구간을 4개 구간으로 구분했다. 도심부에 해당하는 1구간은 대규모 업무시설이 밀집한 고층빌딩군 지역이다. 동대문 부근의 2구간은 도소매업 판매시설과 저층빌딩군 지역이다. 황학교 주변의 3구간은 소규모 지역산업 및 주거지로 구성되어 있다. 마지막 4구간은 주거지 및 지역경관이다.

구간별 관광 · 레저 활동은 완전히 다르게 나타나고 있다. 즉 1구간은 산책 및 휴식형, 천변구경꾼형, 운동형(주중, 직장인)이 대부분이다. 2구간은 산책 및 휴식형, 운동형(주중, 직장인)이며, 3구간은 운동형(주민, 상인)과 산책 및 휴식형을 보인다. 그리고 4구간은 운동형(주민)이 주된 특징이다. 서울연구원의 조사분석은 설문조사와 참여관찰을 통해서 4개 구간으로 구분했지만, 2구간과 3구간의 구분 기준이 모호하고, 유사한 공간 특성을 보인다는 점에서 재검토할 필요가 있다.

청계천 구간별 공간적 특징

구분	1구간	2구간	3구간	4구간
장소특성	도심고층빌딩군, 문화인프라 풍부	도심저층빌딩군, 시장중심	도심저층빌딩군, 중소 지역산업	교외 주거지, 생태환경 풍부
접근성	매우 높음	양호	양호	불량
하드웨어	문화시설, 인프라 집중	각종 상가, 시장 밀집	신규 문화공간 조성	버들습지, 생태학습장
소프트웨어	다동음식축제 등	동대문패션타운 축제	서울풍물축제	축산물축제
참여관찰	휴식 및 산책형	휴식 및 산책형	운동형, 산책형	운동형 (주민)
종합	도심문화 향수지역	문화 음영지역	지역사회 문화공간	근린생활 체육공간

출처: 서울연구원(2006).

따라서 이 책에서는 청계천 구간을 공간의 성격, 자원의 시대적 분포, 주요 자원, 공간기능, 주 이용자의 관점에서 역사길(역사 · 문화 관광공간), 활력길(상공 · 휴식 쇼핑공간), 생태길(생태 · 운동 레저공간)로 구분하고자 한다.

첫째, 구간별 특징을 보면, 역사길은 청계광장부터 광장시장이 있는 세운교까지가 해당하며 관광공간이라 할 수 있다. 활력길은 평

청계천의 구간 구분과 주요 기능

명칭	성격	시대	권역 구분	특징	주요 자원	기능	이용자
역사길 (역사·문화 관광공간)	글로벌	조선 초·중기	청계광장 ~세운교	역사와 전통의 공간	광통교, 수표교 등	관광	국내외 관광객
활력길 (상공·휴식 쇼핑공간)	전국적	조선 말기~ 산업화 시기	세운교~ 무학교 (서울풍물 시장)	산업과 소비의 공간	광장시장, 동대문 시장, 전태일 동상	구매	국내외 관광객, 서울시민
생태길 (운동·생태 레저공간)	지역적	현대	무학교~ 살곶이 다리	생태와 레저의 공간	청계천 박물관, 습지보호 구역 등	휴식, 운동	서울시민 (구민)

화시장이 시작되는 세운교에서 서울풍물시장이 끝나는 무학교까지로 쇼핑공간이다. 그리고 생태길은 무학교에서 살곶이다리까지로 레저공간이다. 둘째, 구간별 대표 콘텐츠를 보면, 역사길에서 서울과 청계천의 역사와 문화를 향유할 수 있고, 활력길에서 상공 문화와 휴식을, 그리고 생태길에서 운동과 생태를 누릴 수 있다.

셋째, 콘텐츠의 성격을 보면, 역사길에는 조선 초 · 중기의 역사 유적과 이야기가 풍부하고, 활력길에는 조선 말기부터 산업화 시기까지의 산업 및 소비공간이 분포하고 있으며, 생태길은 2000년대에 조성된 생태 및 레저 · 스포츠형 시설들이 많다. 넷째, 공간별 이용자는 역사길에서는 국내외 관광객이 관광활동에 참여하고 있으며, 활력길은 국내외 관광객과 서울시민들이 구매와 휴식을 위해 많이 방문한다. 또 생태길에서는 서울시민(중구, 성동구, 동대문구 등)이 생태 조망과 운동 활동에 참여하고 있다.

| 2부 |

청계 역사길

1 청계광장에서 모전교까지

청계천 상징탑 '스프링'

청계광장에는 청계천 복원사업 준공 때 상징물로 소라 모양의 스프링(Spring)을 세웠다. 이는 스웨덴 출신의 세계적인 작가 클래스 올덴버그(Clases Oldenburg)와 코샤 반 브루겐(Coosje van Bruggen)의 공동작품이다. 조형물의 외부는 탑처럼 위로 상승하는 다슬기 모양에서 영감을 얻어, 다이내믹하고 수직적인 느낌을 연출함으로써 청계천의 샘솟는 모양과 문화도시 서울의 발전을 표현했다. 동상 내부의 푸른색과 붉은색 리본은 전통한복의 옷고름에서 착안하여, 자연과 인간의 결합을 상징한다. 청계천 조형물 스프링은 자연 속에서 재생된 자연의 기념품이며, 청계천 복원 프로젝트의 상징이다.

스프링은 높이 20미터이며 지름은 6미터, 총중량은 9톤에 이른다. 위로 올라갈수록 좁아진다. 외관은 코샤 반 브루겐이 제안한 것이다. 밖에서 내부를 볼 수 있는 터널 구조로, 야간에는 내부에 조명이 켜진다. 조형물 표면에는 요철이 있으며 짙은 빨간색과 파란색으로 색칠되어 있고, 내부는 아이보리색으로 칠해져 있다. 2006년 9월 29일에 열린 준공식에 앞서 클래스 올덴버그는 국내 언론과의 인터뷰에서 작품의 개념을 다음과 같이 말했다.

"청계천에서 샘솟는 물을 표현하기 위해 하단부에 샘을 만들었고, 밤에는 조형물 앞에 설치된 사각 연못에 원형 입구가 비쳐 보름달이 뜬 것처럼 보이게 했다." 스프링에는 작가에게 지불한 비용 60만 달러를 포함하여 총 340만 달러(당시 34억 원)의 엄청난 제작비가 투입되었다.

청계천복원 상징탑 '스프링'

서울시 홈페이지에 따르면, 스프링 제작에 들어간 비용은 KT에서 전액 기부했다고 한다. 스프링은 선정 초기부터 여러 문화단체와 미술계 인사들에게 비난의 대상이 되었다. 이들은 올덴버그의 상업주의적 성향이 청계천 복원의 정신과 어울리지 않는다고 주장했다. 풍수지리학적으로 적합하지 않아 나라에 좋지 않은 일을 불러오고 있다거나, 한국적인 미를 찾아볼 수 없는 디자인으로 주변과 어울리지 않는다는 혹평도 있었다.

청계광장(청계 1경)

청계광장의 청계천 축소 모형

청계광장은 청계천에 딸린 작은 광장이자, 청계천의 실질적인 발원지로 서울시가 '청계 1경'으로 선정했다. 인근에는 동아일보 사옥과 서울특별시청이 있다. 청계광장은 청계천 복원 시작 지점 중심에 741평 규모로 조성되었고, 우리나라 전통 보자기의 형태에서 착안하여 다양한 색상의 석재 포장으로 우아한 전통미를 살렸다.

이곳에는 청계천 전 구간을 1/100의 크기로 축소한 청계 미니어처가 설치되어 복원된 청계천의 모습을 한눈에 볼 수 있다. 청계천을 가로지르는 22개 다리에 대한 해설판도 설치했고, 이 외에도 다양한 형상의 분수를 조성하여 아름다운 경관을 연출했다. 2단 폭포를 시작으로 청계천의 용수는 자연수가 아니다. 청계천의 수심을 항상 40cm로 유지하기 위해서는 하루 최소 4만 톤이라는 많은 물이 필요하다. 이를 위해서 자양

취수장에서 퍼 올린 물을 6km의 송수관을 통해 뚝도 정수장으로 보내면 약품 투입과 침전지를 거쳐 자외선 소독을 한 다음 청계광장, 삼각동, 동대문, 성북천 하류의 네 곳으로 나뉘어 물이 유입된다. 이렇게 정수된 물이 4만 톤 정도이고, 나머지는 지하철 지하수 2만 톤이 합쳐져 총 6만 톤이 된다. 이렇게 해서 청계폭포를 24시간 상시 가동할 수 있는 것이다.

청계광장에서의 공연 모습

청계광장은 청계천 복원사업이 이루어지던 2005년 3월 서울특별시에서 지명위원회를 열어 확정한 명칭이다. 청계광장을 지나면 광활한 인공폭포가 설치되어 지나가는 사람들의 시선을 사로잡고 있다. 한여름에는 청계광장에 분수대가 가동되고, 각종 이벤트가 개최된다.

청계폭포

신문박물관

청계광장 주변에 가볼 만한 관광명소로는 동아일보사에서 운영하는 신문박물관을 추천할 수 있다. 이 박물관은 1883년 10월 31일 우리나라 최초의 근대신문인 『한성순보(漢城旬報)』가 창간한 이래 한국 신문 140여 년의 역사를 한눈에 조망해 보는 박물관이다. 동아일보 미디어센터에 자리했던 신문박물관은 1920년 창간한 동아일보의 사옥이자 한국 신문의 구심점이었다.

신문박물관은 미국, 일본, 독일 등을 통틀어봐도 손에 꼽을 정도다. 박물관에는 연대별 주요 신문과 신문의 제작 과정, 신문과 사회의 관계 등을 살펴볼 수 있고 신문 제작 체험을 할 수 있다. 1926년에 완공된 동아일보의 구사옥 건물 5, 6층에 자리 잡고 있다.

동아일보 신문박물관

신문박물관은 본래 1926년부터 1992년까지 66년간 동아일보를 발행했던 건물로, 언론사적 가치가 있는 자료 5,000여 점을 전시하고 있다. 세계 66개국 신문을 비롯해 구한말과 일제시대 신문, 유신 시절 군부의 신문 검열 자료와 최근 인터넷을 통해 볼 수 있는 신문까지 신문의 변천사, 활자주조기 같은 제작 관련 유물 등 다양한 자료를 한

자리에 모았다.

5층 전시실은 시대의 사회와 문화를 담은 신문의 역사를 볼 수 있으며, 세계 각국에서 발행한 2000년 1월 1일 자 신문을 한자리에 모은 프롤로그부터 시작한다. 또한 그 당시의 신문 제작 과정도 살펴볼 수 있다. 주요 테마는 세계의 신문, 신문의 역사, 신문과 사회, 신문과 제작, 신문과 문화, 동아의 역사, 영상실이다. 6층 전시실은 체험 공간이다. 방문객들은 자기만의 신문을 제작하거나 그날의 주요 일간지 관람, 신문 퀴즈 등 다양한 체험을 할 수 있다. 신문박물관은 화요일부터 일요일까지 오전 10시부터 오후 6시 30분까지 개장하며 월요일은 휴관한다.

소설가 박범신의 '청계천 살림의 어제 오늘 내일'

청계광장과 폭포를 지나면 2005년 10월 1일 청계천 복원의 완공 기념으로 소설가 박범신이 작성한 '청계천 살림의 어제 오늘 내일'이란 표석을 볼 수 있다. 담벼락에 붙어있는 검은색 바탕의 표석에는 청계천 복원의 의의와 기대가 잘 스며들어 있다. 박범신은 과거 서울특별시 종로구 청계천로 11에 거주한 적이 있으며, 그의 연재소설『소금』에는 청계천 미싱사의 점원 이야기가 나온다. 이처럼 박범신은 청계천과 인연이 깊은 것으로 알려져 있다. 그는 축시에서 청계천이 서울을 생명중심, 사람중심의 도시로 바꾸는 역사적 상징이라고 평가했다. '청계천 살림의 어제 오늘 내일'의 주요 내용을 요약하면 다음과 같다.

> 바람이 땅과 하늘 사이를 열고 물이 사람 사이로 푸른 길을 내었으니 오늘 2005년 10월 1일 어둠에 갇혀 있던 청계천이 마침내 시민의 품으로 살아서 돌아왔다. 〈중략〉 보라, 죽었던 청계천이 푸르고 맑은 물이 살아 돌아와 우리의 살림터를 쓰다듬어 적셔 주고 있다. 물은 생명의 높은 자리를 다 쓰다듬고 낮고 그늘진 자리를 또한 다 채워 품으니 말할 것도 없이 생명의 영원한 모태다. 오늘 청계천에 흐르는 푸른 물은 우리의 수도 서울이 환경, 문화, 현대적 안락함이 한데 어우러진 생명중심, 사람중심의 도시로 탈바꿈하는 역사적 상징이자 그 발화점이 될 것이다. 아울러 이 청계천 푸른 물의 싱그러운 파장이 서울 중심에 머물지 않고 조국의 먼 변방까지 또 세계 속으로 도도히 흘러나가길 바라 마지않는다(박범신, 2005.10.01.).

청계천 살림의 어제 오늘 내일(박범신 지음)

소망석과 팔석담

청계천에서 가장 많은 사람이 몰리는 대표적인 명소는 청계폭포 아래의 소망석이다. 2005년 10월 청계천 개장 이후 시민들은 자발적으로 분수에 동전을 던지며 행운을 빌기 시작했다. 당시에는 별도의 시설이 없었으나 시민들의 참여가 계속되면서 동전 투입구(소망석)를 설치하게 되었다.

시민이 행운을 빌며 던진 소중한 동전은 투명성과 안전성 확보를 위해 매일 직원들이 수거하고 있으며, 보안장치에 담아 옮긴 후 세척과 분류를 거쳐 전용 금고에 보관하는 등 투명하고 안전한 절차로 관리하고 있다. 2005년부터 2025년 2월까지 총 수거액은 국내 화폐 447,719,000원이고 외국 화폐 390,413점이다(서울시설공단, 2025). 팔석담 행운의 동전은 서울장학재단과 유니세프한국위원회를 통해 국내 및 전 세계 어린이들의 교육지원 사업에 사용된다.

이 소망석은 로마의 명물 트레비분수(Fontana di Trevi)를 연상하게 한다. 참고로 트레비분수를 등지고 서서 동전을 한 개 던지면 로마에 다시 올 수 있고, 두 개를 던지면 사랑이 이루어지고, 세 개를 던지면 지금의 연인과 이별하고 새로운 사람을 만난다는 속설이 전해진다. 이 속설 때문에 사람들은 분수대에 동전을 던지기 시작했다.

그리고 팔석담은 이름 그대로 우리나라 대표 석재 여덟 개를 모아 만든 조형물이다. 팔석담은 모전교까지 폭 21m, 길이 60m의 구간

가장 많은 사람들이 몰려드는 소망석과 팔석담

간에 걸쳐 조성되었으며, 과거의 조선 8도와 미래의 통일된 한반도에 흐르는 물의 의미를 담기 위해 각 도를 상징하는 석재조형물인 8도 저수호안석을 사용했다.

팔석담에 사용된 돌은 경기 포천의 운천석, 강원도 동해의 동해석, 춘천의 후동석, 경남 함양의 함양석, 경북 울릉도의 몽석, 제주도의 제주석, 전남 담양의 담양석, 경남 함양의 마천석, 경기 가평의 가평석, 충남 천안의 천안석, 전남 고흥의 고흥석이며, 보행자들이 직접 볼 수 있도록 청계천 산책로와 연결되어 있다. 각 지방을 원산지로

하는 두 개씩의 큼직한 돌 사이에 갈라진 틈을 통하여 물이 청계천에 합류됨으로써 끊임없이 흐르는 물의 생명력과 8도를 연결하는 의미가 있다. 그런데 주변에 이와 관련한 안내가 없어, '팔석담의 소재지와 특징을 자세히 소개해주면 사람들이 의미를 되새길 수 있을 텐데' 하는 아쉬움이 남는다.

다동 · 무교동의 역사와 음식문화의 거리

다동과 무교동은 시청과 청계천 사이에 있는 업무지구와 음식문화지구를 통틀어 일컫는 명칭이다. 문화관광 명소인 청계천에 인접해 있고, 다양한 축제와 행사가 개최되어 많은 관광객이 몰리는 곳이다. 기존 2개의 법정동인 다동과 무교동을 통칭하여 다동 · 무교동으로 부르며, 2012년 12월 27일 서울시 고시에 의해 관광특구로 확대 지정되었다. 다동 · 무교동 상권은 대형빌딩으로 둘러싸여 있는 우리나라의 대표적인 음식문화 거리이다. 다동과 무교동의 역사는 조선 초기부터 시작된다.

먼저 다동은 조선시대 다도와 차례를 주관하던 사옹원(司饔院)에 속한 다방(茶房)이 있던 데서 유래되었다. 다동은 조선 초기 한성부 남부 광통방의 일부였으며, 1751년(영조 27)에 간행된 『도성삼군문분계총록』에는 한성부 남부 광통방 대다방북변계 · 소다방남변계 · 모전계 지역을 일컬었다. '다방(茶防)'은 다방(茶房)을 우리말 그대로 옮겨 적은 것으로 대다방은 '큰 다방', 소다방은 '작은 다방'을 의미한다.

무교동은 조선시대 이 부근에 무기의 제조, 관리를 맡아보던 군기사(軍器寺)가 있어 모전교 부근에 있던 모교동과 구별하기 위해서 무교동으로 이름을 붙인 데서 유래했다. 1946년 10월 1일 일제식 동명인 무교정(武橋町)을 한국식 동명인 무교동으로 바꾸어 오늘에 이른다.

특히 을지로입구역과 시청역 사이에 위치하고 서울시청, 하나은행, 서울신문사, 대기업 본사 및 여러 사무실이 위치하다 보니, 인근 직장인들을 대상으로 식당이 많이 생겼고 세월이 흐르면서 맛집 및 노포 식당으로 변천해 왔다. 찌개, 탕, 고기, 중식, 면 등 메뉴는 골고루 있지만 오랜 세월 인근 직장인들이 애용하는 음식으로 발전한 탓에 젊은 사람들이 선호하는 메뉴는 그리 많지 않다. 그래도 가볼 만한 식당들을 추려보면 남포면옥, 대원집, 부민옥, 용금옥, 무교동북어국집, 영덕막회, 인천집, 초류향, 충무집, 원흥, 가쯔야, 세림, 참숯골, 곰국시집 등이 있다.

다동 · 무교동 전통음식 관광특구 문화거리의 구체적인 위치는 지하철 1, 2호선 시청역, 2호선 을지로입구역 주변이다. 과거 1950년대에서 1960년대 무교동 일대에는 선술집들이 들어섰고 근교에 거주하는 서민들이나 주변 업무시설에 종사하는 사람들의 휴식 공간이었다. 1965년 무교동에서 박무순 할머니가 낙지볶음이라는 안주를 판

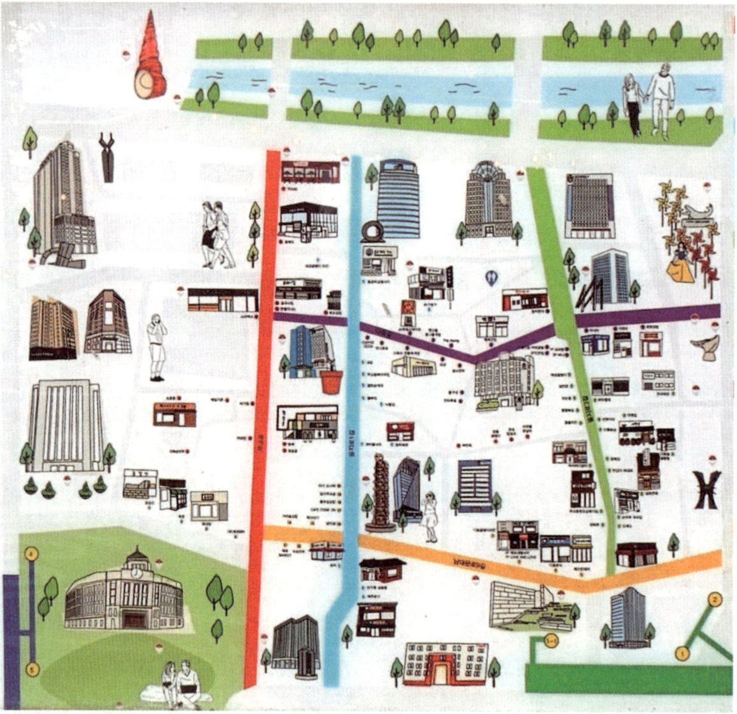

다동·무교동 음식문화거리 지도 표지판

하기 시작하면서 애주가들에게 큰 인기를 얻었고, 먹거리 관광명소로 알려지게 되었다. 낙지를 찾는 사람들이 자연스럽게 늘어나 청계천 건너 종로구 서린동 일대 주택 골목에 낙지를 요리하는 가게들이 들어섰으나, 당시 무교동이 워낙 유명했기 때문에 '무교동 낙지골목'이라 불리게 되었다.

2 모전교부터 광교까지

모전교 이야기

모전교는 청계천에 있던 조선시대의 다리 가운데 하나로 종로구 서린동(瑞麟洞)과 중구 무교동(武橋洞) 사이 네거리에 있었다. 다리 이름은 이 근처에 과일을 팔던 모전이 있던 데서 유래했다. 모전은 우전(隅廛)이라고도 한다. 사료에는 "신화방동입구교(神化坊洞入口橋)"로 나와 있는데, 이 다리는 1412년(태종 12)에 세워졌다. 모전교라는 이름은 18세기 후반, 영조 때 만들어진 「도성도(圖城圖)」에 처음 보인다.

청계폭포 건너편 모전교

모전교는 2003년 7월부터 시작된 청계천 복원사업의 일환으로 새롭게 놓였다. 이 다리는 옛 시절, 과일을 팔던 과전(果廛)의 향기 그윽한 이곳이 화합과 소통의 이정표가 되길 기원하며 복원되었다. 일제강점기 사진 자료를 보면 돌로 만든 석교였으며, 난간은 장통교와 비슷하고 길이는 4칸이었다. 모전교를 지나 광통교로 가다 보면 서울거리 아티스트존이 조성되어 청계천을 사랑하는 아티스트들의 거리공연이 벌어진다. 모전교 주변 지역은 주말이면 많은 사람이 방문하여 휴식을 취하는 명소다. 모전교를 지나면 첫 번째 징검다리가 나온다. 청계천에는 20여 개의 징검다리가 설치되어 있으며, 각각 10~15개의 디딤돌을 놓았다.

모전교 주변 풍경

모전교와 박지원의 '허생전'

모전교 주변은 실학의 대가인 연암 박지원이 「허생전」을 쓴 곳으로 알려져 있다. 「허생전」은 청계천 남쪽 남산골에 사는 허생이라는 선비를 주인공으로 한 소설이며, 조선 후기 북학파 실학자인 박지원의 사상이 잘 나타나 있다. 특히 '이용후생(利用厚生)' 즉, 백성들의 삶을 풍요롭게 하려는 실학 정신이 나타나 있다. 소설의 주요 내용은 다음과 같다.

허생이라는 가난한 선비는 매일 책을 읽는 데 몰두해서 아내가 바느질을 해서 겨우 연명했다. 그러다가 아내가 먹고 살길을 찾으라며, 안 되면 도둑질이라도 하라고 하자 허생은 집을 나가버렸다. 그는 집을 나와 서울에서 가장 부자라는 기술직 중인인 변승업을 찾았다. 당시 변승업은 광통교 주변에 살고 있었다. 허생은 변씨에게 다짜고짜 1만 냥을 빌려달라고 했다. 변씨 또한 보통 사람이 아닌 듯한 이름도 모르는 낯선 인물에게 말없이 1만 냥을 빌려줬다. 그리고 허생은 이 돈으로 과일과 말총 등을 사재기해 수년간 30만 냥으로 늘린다. 허생은 변산 일대의 도적들을 설득하여 무인도로 데려가 농사를 짓고 일본의 나가사키(長崎)라는 곳에 가서 팔아 100만 냥을 벌었다. 그리고 무인도에 정착한 도적들에게 최소한의 도리를 지키며 살라고 훈계한 뒤 50만 냥은 바다에 버리고 남은 돈으로 전국의 가난한 사람들을 구제하고 10만 냥을 변씨에게 돌려줬다. 다시 빈털터리가 되어 5년 만에 집으로 돌아온 허생에게 변씨는 먹을 것을 살 만한 재물을 가끔 가져다주며 점점 가까워졌다. 어느 날 변씨가 어영청 대장 이완을 허생에게 소개했고 하룻밤 대화를 통해 집권층의 허망한 명분론을 비판한 허생은 다음 날 잠적하며 소설을 맺는다.

「허생전」의 마지막 부분에는 당시 집권층에 대한 비판이 잘 나타나 있다. 이완과의 대화에서 허생은 뛰어난 인재가 등용돼 능력을 발휘해야 하지만 그렇지 못한 세태를 비판한 것이다. 나아가 조선의 몰락 원인을 북학파의 실학 이념이 좌절된 데 있다는 견해도 있다(문학정보, 2022). 이처럼 청계천은 조선 후기 실학사상이 태동한 곳이기도 하다.

광통교(청계 2경) 이야기

광통교는 조선시대 행정구역상 광통방(廣通坊)에 위치했다고 해서 광통교 혹은 광교(廣橋)라고 불렀다. 원래 명칭은 '광통방에 있는 큰 다리'라는 뜻의 대광통교였다. 현재 종로구 관철동과 중구 삼각동 사이에 있다.

당시 한양은 산허리와 계곡으로 이루어졌으므로 사람과 말이 다니기 위해서는 도로를 내고 다리를 많이 놓아야 했는데, 그 가운데 광통교의 규모가 가장 컸다. 광통교는 육조거리 · 운종가 · 숭례문으로 이어지며 한양도성 내부의 남북을 연결하는 중심 통로였다. 왕이 성

밖으로 나올 때 광통교를 이용했으며 중국에서 사신이 왕래할 때도 근처에 있는 돈의문을 이용하지 않고 남쪽으로 우회하여 남대문을 거쳐 광통교를 지나 궁궐로 들어갔다. 교각에는 영조 이후 여러 차례 준설한 사실이 기록되어 사료로서의 가치도 높다.

광통교

조선시대 광통교를 중심으로 그 주위에는 많은 상가들이 있어 서울 상업의 중심지 역할을 하였다. 즉 닭과 달걀을 파는 가게, 갓을 만드는 데 사용되는 대나무를 파는 가게, 갓을 파는 가게, 부인의 머리 장식을 파는 가게, 패물과 가락지 등을 파는 가게, 신발을 파는 가게, 물감과 중국 과실(果實)을 파는 가게, 실 목기와 징롱을 파는 가게, 잔치 때 그릇을 세놓는 가게, 채소를 파는 가게, 솜을 파는 가게. 말총 · 가죽 · 초 · 실 · 휴지 · 책 등 잡화를 파는 가게, 말안장 · 등자 · 굴레 등을 파는 가게, 서화와 책을 파는 가게 등이 즐비하게 늘어서 있어 상업의 중심지 역할을 하였다. 그리하여 많은 사람이 항상 광통교 주위에 모여들어 생필품을 팔고 사곤 하였다(문학정보, 2022).

광통교와 모전교 사이에 모인 방문객들(2024 서울야외도서관 책 읽는 맑은 냇가 행사)

광통교의 길이는 12m, 폭은 15m 정도로 추정한다. 처음에는 태조 때 토교(土橋)로 축조했는데, 1410년(태종 10) 큰비로 다리가 무너지자 석교(石橋)로 다시 축조했다. 이때 태조 이성계의 계비(繼妃) 신덕왕후 강씨의 묘인 정릉(貞陵)에서 석물을 가져와 다리의 기둥과 기초로 사용했다. 광통교의 돌기둥이 마름모꼴인 것은 물이 잘 흐르도록 하려는 방법이었고, 다리 난간에 구멍이 뚫린 것은 바람길을 막지 않고 다리를 안전하게 유지하려는 선조들의 지혜로 볼 수 있다. 그러나 광통교는 1958~1961년에 청계천이 복개되면서 없어졌다.

광통교를 토교에서 석교로 바꾸는 과정에서 태종 이방원과 신덕왕후 간의 갈등과 원한 관계를 엿볼 수 있다. 1392년(태조 1년) 신덕왕후는 정도전 등의 도움으로 이방원을 물리치고 자신의 소생인 방석을 세자로 옹립했다. 이 일로 신덕왕후는 이방원의 깊은 원한을 사게 되었다. 그러나 그녀는 자기 아들이 왕위에 오르는 것을 끝까지 지켜주지 못한 채 세상을 떠남으로써, 세자가 된 아들 방석 또한 1398년(태조 7) 정도전 등과 함께 이방원에게 죽임을 당했다. 이것이 1차 왕자의 난이었다.

태조는 신덕왕후의 능을 조성할 때 특별히 제주목사 여의손(呂義孫)에게 일류석공을 동원하여 당대 최고 수준의 석물(石物)을 조성하도록 했으며, 완성된 이후에도 여러 번 행차하여 강씨에 대한 그리움을 달랬다. 이성계는 '내가 죽거든 신덕왕후 옆에 합장해 주어라'라는 유언을 남겼지만, 태종은 이를 따르지 않고 아버지의 무덤을 경기도 구리시 동구릉에 마련했다. 그리고는 옛 제왕(帝王)의 능묘가 모두 도성 밖에 있는데, 신덕왕후의 묘가 도성 안에 있는 것은 온당하지 못하다고 하여 지금의 성북동 정릉으로 옮겼다.

그리고 1410년에 큰비가 내려 흙다리인 광통교가 유실되자, 정릉의 옛터에 남아 있던 돌을 사용하여 석교를 만들게 한 것이다. 왕위에 오른 이방원은 신덕왕후의 무덤 돌로 다리를 만들어 모든 사람이 그것을 밟고 지나가도록 함으로써 강씨에게 맺힌 분한 마음을 토로했다고 한다. 그러나 광통교는 조선왕조 500여 년 동안 어가행렬과 사신행렬이 지나다니는 도성 제일의 다리로서 영광을 누렸으니, 태종의 의도대로 된 것만은 아닌 듯하다.

현재 중구 남대문로 광교네거리 중심부 지하에 남아 있는 유적을 보면 옛 광통교의 모습을 그려 볼 수 있다. 특히 남북 양측 교대에는 정릉의 부재로 사용되었던 신장석(神將石), 구름 문양과 당초 문양이 새겨진 무덤 돌이 그대로 남아 있는데, 태조가 정릉을 조성할 때 얼마나 공을 들였는가를 짐작할 수 있다. 병풍석의 크기는 240×100cm 정도로 중앙에는 신장상이 있고, 그 주변에 운문(雲門)이 가득 채워져 있다. 우석(隅石, 지

복원된 광통교를 지나가는 행인들

대나 축대 등의 귀퉁이에 쌓는 돌)의 크기는 126×100cm 정도로 각각의 면에 금강령(金剛鈴)과 금강저(金剛杵)가 양각되어 있다.

금강령은 여러 부처를 기쁘게 하고 보살을 불러 중생들을 깨우쳐 주기 위해 사용하는 도구다. 불교가 발생한 인도에서는 사용된 예가 없으며 중국 당나라 때 금강저와 함께 밀교 수행에서 사용되었다고 한다. 금강저와 함께 쓰인다고 해서 금강령이라는 명칭이 붙었으며 몸통은 종(鐘) 모양이고 손잡이는 금강저 모양이다. 이처럼 뛰어난 석공기술로 정성을 다한 석물들을 보면 태조가 정릉을 조성할 때 얼마나 공을 들였으며 참으로 계비 강씨를 사랑했음을 엿볼 수 있다.

그런데 광통교 다리에 사용된 신장석 중 7개가 뒤집혀있다. 신덕왕후를 미워한 태종의 의도가 엿보인다. 광통교가 훼손되기 시작한 것은 일제강점기부터이다. 1900년 초 서울에 전차 노선이 건설되면서 먼저 광통교 동편에 전찻길이 놓였다. 1910년(순종 3)에 광통교 인근의 전차선이 복선화되면서 다리 위로 전차가 다니게 되었고, 그 결과 다리 본체가 도로 아래로 묻히게 되었다. 1958년에 청계천 복개공사를 시작하면서 광통교의 난간은 창덕궁으로 이전했고 다리는 그대로 묻혔다. 청계천 복원공사 중 가장 큰 성과는 광통교의 옛 모습을 발굴하고 새롭게 재현한 것이 아닐까 생각한다.

광통교의 뒤집힌 신장석

성종과 백성의 만남이 이루어진 광통교

조선 성종은 1469년부터 25년간 재위했던 임금이다. 1392년 조선 건국부터 1592년 임진왜란까지의 딱 중간쯤에 통치했다고 보면 된다. 성종은 성군으로 평가받는데, 여기에는 미복잠행(微服潛行, 지위가 높은 사람이 남루한 옷차림을 하고 남모르게 다님)으로 백성의 삶을 자주 살폈던 점이 작용했다. 왕이 잠행을 나오면 보통 '무예별감'을 한두 명 데리고 다녔지만, 성종은 백성과 더 가까워지기 위해 이마저도 멀찌감치 두고 길을 나섰다고 한다.

성종과 김희동의 일화가 나오는 것도 그때였다. 어느 날 왕은 지금의 종로인 '운종가'로 잠행을 나섰다. 성종이 광통교를 지나는데, 한 백성이 거기서 졸고 있는 것을 발견했다. 늦은 밤이라 그를 깨워보니, 그는 자신이 경상도 흥해에 사는 숯장수, 김희동이라고 했다. 김희동은 마을 사람들이 임금을 칭찬하자, 자신도 뭔가를 선물하고 싶어서 서울까지 올라왔다고 했다.

성종은 자신을 '이 첨지'라고 속이고 대화를 이어갔다. 그러자 김희동은 고향에서부터 바리바리 싸온 전복, 해삼 등을 보여주며 임금에게 선물하겠다고 했다. 성종은 속으로 나는 웃음을 참을 수가 없었다. 신분제도가 엄격한 조선시대였기에 평민이 임금을 만나기는커녕 직접 선물을 바치기도 어려웠으니 말이다.

그렇게 하룻밤이 지난 뒤, 성종은 다음 날 아침에 다시 일반인 복장으로 김희동을 만나러 갔다. 벼슬이 없는 사람은 임금을 만날 수 없으니, 원하는 벼슬이 있다면 말하라고 했다. 순박한 김희동은 자신이 무슨 벼슬을 하냐며, 욕심이라고는 전혀 없는 모습을 보였다.

또 하루가 지나고, 이번에는 궁궐에서 사람들이 찾아왔다. 임금을 만나기 전에 조선시대 중앙군으로서 오위(五衛)의 충좌위(忠佐衛)에 소속되었던 양반 특수 병종(兵種)인 '충의초사(忠義初仕)'라는 벼슬을 받으라고 했다. 김희동은 사모관대를 하고 드디어 임금을 만나러 갔다. 성종은 큰절하는 김희동에게 얼굴을 들어 보라고 했다.

그런데 웃기게도, 얼굴을 든 김희동은 '이 첨지가 어찌 여기에 있소?'라고 물었다. 그 소리를 듣고 성종이 껄껄 웃었다. 그제야 이 첨지가 성종이라는 사실을 깨달은 김희동은 벌벌 떨며 어찌할 바를 몰라 했다.

마침내 성종도 장난을 거두고, 김희동이 가져온 것으로 식사를 차리라고 했다. 그러고는 많은 상금을 주며 충의벼슬에 맞는 역마까지 내려줬다고 한다. 이렇듯 성종과 김희동의 일화는 백성과 함께했던 성군의 이야기로 전해 온다.

광통교와 육교시사, 그리고 전기수

조선 후기 상품 화폐경제가 발전하면서 서울의 거리에는 글씨와 그림을 파는 서화시장이 등장했다. 그 시장은 광통교를 중심으로 종각에서 남대문에 이르기까지 큰길에 자리 잡았다. 여기에는 도화서의 화가들이 그린 그림들이 나와 있기도 하고 양반가에서 흘러나온 글씨와 그림들도 즐비했다. 1720년에 출생한 최북(崔北)이라는 화가는 아침에 한 폭 팔아 아침밥 먹고 저녁에 한 폭 팔아 저녁밥을 먹었다고 한다. 그는 술을 매우 좋아해서 하루에 대여섯 되씩 마셔댔다고 하며, 술값은 집안의 그림과 서책을 팔아서 댔다.

1876년 육교시사(六橋詩社)가 결성된 이후에는 중인문학의 중심지가 중촌으로 이동했다. 육교는 오간수문에서 서쪽으로 6번째 다리인 광통교의 별칭이다. 기술직 중인들이 중심이었던 육교시사는 세계에 관한 새로운 정보를 나누면서 시대의 변화를 모색한 모임이었다. 주요 동인(同人)은 강위(姜瑋), 백춘배(白春培), 김석준(金奭準), 배전(裵瑱), 김재옥(金在玉), 지운영(池雲英), 변위(邊煒) 등이었다.

대부분 의관, 역관이었던 육교시사 동인들은 직업 특성상 조선 말기 서양 세력이 밀려 들어오는 상황에 빠른 행보를 보여주었다. 때를 맞추어 국사를 바로잡기 위해 왕에게 개화의 필요성을 주장하는 시무상소(時務上訴)를 올리거나 천연두 예방법의 일종인 우두법(牛痘法)을 직접 도입하는 등 북학파와 개화파를 연결하는 가교 구실을 했다. 여기에서 우두법은 천연두를 예방하기 위해 소의 두창(牛痘) 고름이나 딱지에서 나온 면역 물질을 사람에게 접종하는 방법을 말한다.

한편 조선 후기에는 광통교 주변에 소설의 필사본을 빌려주는 세책방(貰冊房)이 즐비했다. 주요 독자는 부녀자들로 비녀, 팔찌를 팔거나 빚을 내 책을 빌려다 보는 이들도 있었다. 문자에 익숙하지 않은 사람들은 전기수(傳奇叟)의 낭독을 듣는 쪽을 선호했다. 전기수는 연기를 곁들여 이야기책을 전문적으로 읽어주던 사람으로, 이들이 풀어가는 이야기는 대중의 사회의식과 역사의식에 영향을 미쳤다.

그들이 들려준 소설은 숙향전(淑香傳), 임경업전(林慶業傳), 소대성전(蘇大成傳), 심청전(沈淸傳), 설인귀전(薛仁貴傳) 같은 것들로 대부분 작자 미상이었다. 전기수는 동대문 밖에 살면서 엿새 간격으로 서울 장안 곳곳을 돌아다니면서 글을 읽었는데, 그 장소 중 두 곳이 청계천 다리 아래이다. 전기수의 활동을 통해 조선 후기 청계천 변을 중심으로 한 시정(市井) 문화의 단면을 엿볼 수 있다.

전기수는 사람들이 자주 오가는 길목인 청계천의 돌다리에 주로 자리 잡고 이야기가 절정에 치달을 때쯤, 마치 드라마의 광고 시간처럼 공연을 멈추고 엽전을 거둬들였다고 한다. 이것을 일컬어 요전법(邀錢法, 돈 버는 절묘한 기술)이라 한다.

그런데 1790년(정조 4) 8월 10일 자 『정조실록』을 보면 당시 유명했던 이업복이란 전기수가 군중에게 살해당하는 사건이 기록되어 있다. 전기수가 대중 앞에서 한참 이야기꽃을 피우고 있고 모두 그의 이야기에 정신이 팔린 상황에서 갑자기 살인사건이 일어난 것이다. 알고 보니 청중 한 명이 이업복의 이야기에 흠뻑 빠진 나머지, 나쁜 주인공을 응징한다며 들고 있던 낫으로 그를 죽인 것이다. 책을 읽는 솜씨가 뛰어났기에 청중이 현실과 책 속 이야기를 혼동해 그만 분한 마음을 참지 못하고 살인을 저지른 것이다.

이것 말고도 사대부 여인들에게 이야기를 들려주던 한 전기수가 그녀들과 정을 통하다가 발각되어 포도대장에게 죽임을 당한 사건도 있다(김용관, 2012). 앞서 등장한 이업복 역시 자신을 돌봐주던 서리 부부의 딸을 겁탈해 전기수가 음란하고 근본 없는 자들이라는 세간의 비난을 받기도 했다.

광통교 답교놀이

조선시대 1540년(중종 35)부터 서울 장안 사람들 사이에는 정월 대보름날 저녁에 12개의 다리를 밟으면 일 년 내내 재앙을 막고 각기병(脚氣病, 비타민 B 복합체 중 비타민 B1이 결핍되어 나타나는 병)에 걸리지 않는다는 소문이 퍼지기 시작했다. 본래 답교 풍습은 중국의 한나라, 당나라 때도 있었는데 우리말의 다리(橋)와 다리(脚)가 발음이 같아 답교(踏橋)를 하면 다릿병(脚病)이 나지 않는다는 믿음이 생긴 것이다. 또한 이날 12다리를 건넌다는 것은 주백병(走百病)이라는 말과 같이 100가지 병을 물리치고 건강하게 살겠다는 의지의 표현이었다(박경룡, 2016). 한양에서는 광통교, 수표교 등 청계천에 놓인 다리를 중심으로 답교놀이가 매우 성행했다.

정월 대보름날 밤이 되면 도성 안 남녀 모든 사람이 저녁 종소리를 들으려고 종루(鐘樓)로 몰려들었다. 사람들은 종소리를 들은 다음 청계천을 비롯한 도성 곳곳에 있는 다리로 흩어져 12다리를 차례로 밟았다. 이 열두 다리는 대체로 대광통교, 소광통교, 수표교, 장통교, 효경교, 태평교, 모전교, 송기교, 혜정교, 철물교, 동대문 안의 첫 다리(初橋), 두 다리(二橋) 등이었다(서울시설공단, 2024). 답교가 보통 정월 보름날 '밤'에 이루어지다 보니 대보름날은 야간 통행금지(夜禁)를 해제했는데, 이를 방야(放夜)라고 한다.

출처: 서울시설공단.

광통교에서의 양반답교 모습

조선 후기의 문신인 홍의호(洪義浩, 1758~1826)는 광통교에 대한 시를 남겼는데, 그 내용은 "흰 돌로 된 난간에 푸른 버들이 늘어져 있고 대광통교로 길을 나누니 만백성의 집이 있네. 정월 대보름 다리밟기는 태평성대의 즐거움이니 금오(金鰲, 경주의 옛 이름)의 옥이나 무지갯빛 사치를 부러워하지 말게나"로, 정월 대보름 다리밟기를 태평성대 차원에서 찬양했다(홍의호 · 강세륜 · 강준흠, 2024).

언제부터인가 상류층 사람들은 서민들이 붐비는 정월 대보름 밤을 피하여 그 전날인 14일 밤에 다리밟기를 했는데, 이를 가리켜 '양반답교'라고 칭했다. 이처럼 청계천은 귀족이든 민중이든 남녀노소 신분과 관계없이 공통의 세시풍속의 장소였다. 오늘날 서울시민은 물론 국내외 많은 관광객까지 모여 청계천의 멋진 풍경을 즐기는 것도 현대판 세시풍속이라 할 수 있다.

유본예(柳本藝, 1778~1842)가 지은 『한경지략(漢京識略)』을 보면 답교 풍속은 "대보름날 다리를 밟고 달구경을 하면 다리 병을 없게 한다"라고 설명하고는 "이런 풍속은 본시 중국 북경의 풍속으로 조선에서는 중종(中宗) 때 시작한 것"이라고 했다. 북학파의 대표 실학자인 이덕무(李德懋, 1741~1793)는 『청장관전서』 권2, 「영처시고2」 중 '상원곡(上院曲)'에서 정월 대보름 광교의 달맞이를 읊었는데, 달이 떠오르기를 기다리며 광통교 옆 십자가(十字街)에 모여든 사람들의 흥겨운 모습을 잘 표현했다.

> 십자가 가운데 달이 밝고 밝아, 초경(初更, 하룻밤을 오경으로 나눈 첫째 부분) 삼점 종소리를 기다리네. 노래를 부르던 사람들이 밤중에야 흩어지는데, 어디서 촌닭이 가끔 우는가. 오늘 밤은 눈빛이 유독 밝고 밝아, 사람마다 광통교에서 달을 기다린다. 노래하는 아이들 한 떼가 옷깃을 연이어, 함께 동방의 행락조(行樂調)를 부르네(이덕무, 청장관전서 권2).

또 조선 명종 때의 학자 어숙권(魚叔權)의 『패관잡기(稗官雜記)』에 의하면 "답교는 중종 말년부터 한양 사람이 서로 전하여 이르기를, 보름날 저녁(上元夕)에 열두 개의 다리(橋)를 밟고 지나면 그해 열두 달의 재앙이 소멸한다"라고 하여 생긴 것이다. 이에 따르면 부녀자들은 가마를 타고, 조금 천한 자는 소매가 없으며 겉옷으로 덧입는 비갑(比甲)을 머리에 쓰고 걸어서 밟으며, 서민의 부녀자는 해가 지고 어스름할 때 모여서 떼를 지어 다리를 밟았는데, 혹시라도 밟지 못할까 두려워하면서 다녔다고 한다. 그런데 많은 부녀자가 장옷을 쓰고 나와 답교를 하자 무뢰한까지 몰려들어 한데 어울렸다. 이에 남녀 풍기가 문란하다고 하여 명종 때에 이르러 답교를 금지했다.

그러나 1770년 1월 14일 자 『영조실록』을 보면, 영조는 "백성들과 봄날의 뜻을 함께 보기 위하여(示與民同春之意)" 야간에 통행을 허가하라고 의금부에 하교하기도 했다. 1771년(영조 47)에 정월 보름날에 방야(放夜, 정월 대보름날 답교놀이를 위해 야간 통금을 해제하는 것)를 했다는 내용이 있다. 정월 대보름날 방야를 할 때는 숭례문과 흥인문 등 양 대문을 열어놓고 도성 안의 백성들에게 답교놀이를 하라고 했다. 이때 3일간 방야를 한 것은 14일에는 양반들이 답교를 하고, 15일에는 서민이, 16일에는 부녀자들이 답교를 했기 때문이라는 설도 있다(이경재, 2002).

최남선은 『조선상식』 풍속편 답교조(踏橋條)에서 답교놀이가 한창일 때의 모습을 다음과 같이 기록했다.

정월 대보름날 밤의 놀이 중 성행되었던 것은 연등 놀이었다. 그러나 조선 왕조, 특히 태종 이후에는 연등놀이 대신 다리밟기가 더 성행하였는데, 특히 한양에서 더했다. 장안의 남녀들이 종가(鐘街)로 모여들어 보신각의 저녁 종소리를 듣고 나서 각 곳에 있는 다리로 흩어져 가서 밤새도록 다리 위를 왔다 갔다 하였다. 서로들 어깨와 허리가 부딪칠 정도로 붐비면서 날라리와 장구를 울리고 시를 읊기도 하며, 물에 비친 달을 보며 1년 동안 좋은 일이 있길 빌었다(박경룡, 2016).

정월 대보름날 밤에는 야간 통행금지가 해제되었으므로 사람들은 밤을 새워 다리 위를 다니면서 풍악을 울리며 노래하기도 하고, 물에 비친 달을 보며 1년 동안에 좋은 일이 있기를 기원했다(서울시설공단). 『옥계시첩(玉溪詩帖, 1788)』에 실린 임득명(林得明, 1767~1822)의 시 「가교보월(街橋步月)」에서도 통금이 해제된 광통교의 달맞이 장면을 잘 표현했다.

대보름은 아름다운 명절이라서 술에 취하여 서로를 부르네. 봄놀이가 오늘 밤부터 시작되니 노니는 발끝 티끌이 큰길을 맑게 하고 무리의 악기 소리가 광통교에 들끓는데. 통금도 없는 밤에 맘껏 이야기하니 기쁜 마음이 갑절이나 더해라(임득명의 가교보월).

한국관광홍보관 '하이커 그라운드'

하이커 그라운드 안내판

광통교를 지나면 청계천 남쪽에 한국관광공사 서울센터가 있으며, 1층부터 5층까지 하이커 그라운드가 있다. 하이커 그라운드는 문화체육관광부와 한국관광공사가 기존 'K스타일 허브'를 개편한 한국관광홍보관이다. 현재 한국관광공사의 본사는 원주혁신도시에 있으며 서울에 사무소를 운영하고 있다. 서울의 중심 청계천로에 있는 하이커는 전 세계 관광객들에게 한국(KR)이 건네는 반가운 인사(Hi)와 글로벌 여행자들의 놀이터(Playground)를 의미하는 '신개념 한국관광 홍보공간'으로 관광안내와 실감형 관광체험을 연계하여 관광홍보관 자체가 관광명소로서 역할을 톡톡히 수행하고 있다.

한국관광공사 서울센터 1~5층에 자리한 하이커 그라운드는 이색적인 한국 관광홍보관으로 국적을 불문하고 놀이터처럼 누구나 즐길 만한 다양한 콘텐츠로 채워졌다. K-팝, 미디어 아트 등 대중적인 요소를 접목한 흥미로운 콘텐츠가 국내외 여행자의 발길을 붙든다. 먼저 1층 초대형 미디어 월에는 한국 대표 관광지의 아름다운 풍경이 펼쳐져 눈길을 끈다.

본격적인 놀이는 2층 케이팝 그라운드에서 시작한다. K-팝 팬이라면 들어서자마자 심장이 쿵쾅거린다. 뮤직비디오에서 본 듯한 공간에 K-팝이 흘러나온다. K-팝을 주제로 한 이곳은 서브웨이(Subway), 마이스테이지(My Stage), 코인 런드리(Coin Laundry), 컬러룸(Color Room), 스페이스십(Space Ship), 케이팝 댄스 에볼루션(K-Pop Dance Evolution) 등 6개 체험 공간이 있다.

3층의 주제는 K-아트다. 한국을 대표하는 작가들의 작품을 전시하는 공간과 드라마를 통해 한국 관광을 안내하는 공간이다. 드라마 촬영 현장 등을 소개하는 영상을 가상현실(VR)로 체험하는 코너도 마련했다.

하이커 그라운드의 내부 공연시설

4층은 크게 하이커 케이브, 축제체험관, 의료관광 안내센터로 나뉜다. 하이커 케이브는 한국관광공사가 선정한 웰니스 관광지와 국내의 주요 관광거점 도시를 오감으로 느끼도록 구성했다. 해당 장소와 어울리는 향기, 소리, 영상 등을 접목해 여행지를 색다른 방식으로 소개한다. 축제 체험관에서는 우리나라 대표 축제와 연계한 체험 프로그램을 진행하는데, 주제는 시기별로 달라진다. 의료관광 안내센터에서는 티 테라피, 피부 측정 같은 간단한 체험을 할 수 있다.

마지막으로 5층에는 여행자 쉼터인 하이커 라운지와 관광안내센터가 있다. 하이커 챌린지라는 코너도 기획했는데, 스크린에서 룰렛을 돌려 나만의 여행 미션을 수행하는 체험이다. 유명 도넛가게 '노티드'가 입점해 달콤한 디저트를 먹으며 쉬기 좋다. 이곳에서만 판매하는 특별 도넛도 눈에 띈다. 하이커 그라운드는 한마디로 다이내믹하고 재치 있는 여행을 추구하는 전 세계 여행자, 하이커들을 위한 공간이다.

하이커 그라운드의 하루 평균 방문객 수는 2,600명으로 2019년 리모델링 이전에 비해 2.9배 이상의 수치를 기록했는데, 국내 MZ세대뿐만 아니라 해외 한류 팬들의 필수 방문 명소이자 한국관광 랜드마크로 떠올랐기 때문이다. 세계로 뻗어나가는 K-콘텐츠를 한국관광과 연계하여 글로벌 소비자의 니즈를 반영한 것이 주효했다.

운종가

청계천 광통교에서 효경교에 이르는 개천 구간의 남북 지역을 중촌(中村)이라 했다. 이 일대는 시전행랑(市廛行廊)과 의금부, 포도청, 도화서, 혜민서 등의 관청들이 밀집해 있었다. 조선 후기 개천 변은 상업이 발달하고 온갖 문물들이 넘쳐나는 활기찬 곳이었다. 시전상인들과 뒷골목의 색주가(色酒家), 세시(歲時) 때마다 펼쳐지는 놀이 행사 등 다양한 사람들이 모여 생동감 넘치는 이야깃거리를 만들어 냈다. 특히 이곳에는 의관, 역관, 화원, 악공, 산업, 율사 등 기술직 중인들이 모여 살았다. 이에 따라 이 지역은 양반문화와 구별되는 중인 문화의 산실이었고, 조선 말기에는 개화 운동의 중심지가 되었다.

아침이면 사람들이 구름처럼 몰려들었다가 저녁때면 일제히 흩어진다고 하여 운종가(雲從街)라 부른 종로 일대는 시전행랑이 설치되어 한양 사람들의 일상생활 용품을 공급하던 상업의 중심지였다. 조선 초기에 건설된 시전은 종로 1가에서 종묘 앞, 창덕궁에서 종로 3가까지, 그리고 종각에서 광교까지였다. 시전은 동서 방향의 긴 대로와 남북 방향의 짧은 길이 만나는 정(丁)자로 형성되었다(남기범, 2002).

종각 중심에 있는 종로 양옆에는 '여섯 곳의 큰 시전'인 육의전이 있었는데, 중국 비단을 취급하던 면전을 비롯하여, 면주전(명주), 면포전(무명), 저포전(모시), 지전(종이), 어물전(생선) 등이 있었다. 육의전은 상업의 중심지였다. 운종가와 이웃한 개천 변에는 시전의 상품을 제작해 파는 수공업자들이 모여 사는 동네가 있었는데, 주요 생산되는 상품과 작업에 따라 관자동, 입정동과 같은 지명이 생겼다. 청계천박물관의 전시자료를 보면 이덕무의 『청장관전서(靑莊館全書)』 권12에서 당시 상황을 묘사했다.

> 거리 좌우에 늘어서 있는 천간 집에 온갖 물화(物貨)가 산처럼 쌓여 헤아리기 어렵네. 비단 가게에 울긋불긋 벌여 있는 건 모두 능라(綾羅)와 금수(錦繡)요. 어물 가게에 싱싱한 생선 도답게 살쪘으니 갈치, 농어, 준치, 쏘가리, 숭어, 붕어, 잉어이네. 쌀가게에 쌓인 쌀은 반과산(飯顆山)과 같으니 운자 같은 흰 밥에 기름이 흐른다. 주점은 본래 인간 세상이나 웅백성홍(熊白猩紅, 웅백은 곰이 겨울이면 흰빛의 기름이 가슴에서 옥처럼 뭉치는데, 그 맛이 매우 좋다는 의미이며, 성홍은 상상 속의 짐승인 성성(猩猩)의 피처럼 붉은 빛을 말하는데 술을 의미한다)의 술빛 잔에 가득하네. 행상과 좌고(坐賈)가 셀 수 없이 많아 자질구레한 물건도 갖추지 않은 것 없네(이덕무, 청장관전서, 권12).

조선시대의 그림 「한양도(漢陽圖)」를 보면, 시전은 처음부터 궁궐, 관아, 주택과 함께 도시를 형성하는 주요 건축물이었다. 재미있는 사실은 조선시대의 시전은 시민이 아니라 당시 정부가 조성하고 관리했다는 점이다. 유럽의 시장과는 달리 정부가 건물을 직접 관리·통제했던 어용 상점이었고, 시전의 고객도 궁궐과 사대부였다.

궁궐과 관아에 거주하거나 소속된 자와 그 가족을 제외한 도성 내 인구의 대부분은 시전상인과 시전에 물품을 납품하는 관영 수공업자가 차지했다. 조선시대 시전의 주체와 사용자는 정부였으므로 시전은 물품을 사고파는 일상의 상업 공간이라기보다는 권력의 통제하에 이루어졌던 제한적 의미의 상업 공간이었다(남기만, 2002).

3 광교에서 삼일교까지

광교와 은행가 거리

광통교를 지나면 서울 종로 네거리에서 남대문으로 가는 큰길을 잇는 청계천 위에 광교가 나타난다. 2003년 7월 시작된 청계천 복원 공사의 하나로 원래 조선시대의 대광통교가 있던 자리에 광교가 새롭게 놓인 것이다. 대광통교를 복원한 광통교는 광교에서 청계천 상류 쪽으로 155m쯤 되는 곳에 놓여 있다. 다리 근처는 '차 없는 거리'라서 차량의 교통 흐름을 막지 않기 위해 원래 위치보다 상류에 배치한 것이다.

광교에서 3 · 1빌딩 쪽으로 걷다 보면 청계천 남측은 실버색 첨단 빌딩들이 즐비하게 들어서 있고, 반대로 북측은 수십 년 동안 유지되어 온 종로의 옛 풍경을 볼 수 있는 건물들이 남아 있다. 이것은 흡사 일제강점기 청계천이 서울 도심을 남과 북의 공간으로 나누었던 시절을 떠올리게 한다. 일제강점기에도 청계천은 서울 공간을 나누고 서울시민을 사회적으로 구분하는 경계였다. 1885년 일본인 거류지가 현재의 충무로 일대로 정해진 이후 서울에 이주한 일본인들은 주로 청계천 이남에 살았다.

일제는 1914년 서울의 행정구역을 전면 개편하면서 일본인들이 많이 사는 동네의 기초 행정구역 명칭은 마치((町)로, 일본인의 수가 적은 동네의 명칭은 동(洞)으로 통일했다. 이에 따라 청계천은 마치와 동을 구분하는 경계선으로서 민족 차별의 상징이 되었다. 일제의 도시 행정이 남촌 위주였을 뿐만 아니라 사회의 부를 일본인들이 사실상 독점했기 때문에 남촌은 문명화된 공간, 북촌은 낙후된 공간이 되었다. 청계천박물관 홈페이지에는 당시 상황을 다음과 같이 소개하고 있다.

> 1930년대에 들어 서양과 일본에서 들어온 다양한 문물들이 관광, 상업, 교통, 유흥문화 전반을 크게 바꿨고, '모던보이, 모던걸'들이 거리를 활보했다. 청계천 변에 살았던, 소설가 박태원은 1936년 잡지 『조광(朝光)』에 세태소설인 「천변풍경」을 연재했다. 그가 이 소설을 연재하던 무렵 청계천 변에는 빨래터, 한약국, 포목전 등 조선시대 이래의 전통적 시설들과 이발소,

하숙집, 카페, 식당 등 근대적 시설들이 공존하고 있었다. 이 소설에는 한약방 주인, 카페 여급, 시골 색시 등 다양한 인물이 등장해 1930년대 중반 급격한 근대화의 물결과 전통적 인습 사이에서 방황하는 도시 서민의 삶을 실감이 나게 그렸다. 1930년대 청계천 변은 전통과 근대가 공존하면서 교차하는 공간이었고, 천변 사람들은 이 변화에 혼란을 느끼면서도 점차 근대적 생활양식에 익숙해져 갔다(청계천박물관 홈페이지 참조). 그리고 「천변풍경」 속 청계천은 하나의 '경계'였다. 청계천을 중심으로 남과 북이 갈려 조선인 중심의 북촌과 일본인 중심의 남촌이 갈렸다. 그리하여 청계천은 식민지 조선에서 거대한 두 세력이 서로 마주하는 하나의 경계였다(채호석, 2006).

박태원의 천변풍경(열림원, 2007)

신한은행(옛 조흥은행) 앞 사거리에 있는 광통교 축소 모형은 원래 토교(土橋)였는데 큰비로 유실되자 1410년(태종 10)에 돌다리로 개축되었다. 조선시대에 폭이 가장 넓었던 이 다리는 정월 대보름날 답교놀이가 성행을 이루었던 곳으로 유명했으나 1958년 청계천 복개

공사 때 도로 밑으로 그 모습을 감추었다. 현재 이곳에 있는 광통교 모형은 서울정도 600년을 맞이하여 그 원형을 사분의 일로 축소 복원한 것이다.

신한은행 앞 복원된 옛 광통교 축소 모형

조선시대 종로와 숭례문 사이 도로 양쪽은 한양 상권의 핵심인 시전행랑이 늘어서 있었다. 옛 조흥은행 본점(현 신한은행 자료원)과 근접한 시전 뒤편으로는 동전을 주조하던 선혜청과 분호조(分戶曹, 호조의 부조), 서민을 치료하던 혜민서, 궁중 음악과 무용을 맡은 장악원, 그림을 담당했던 도화서 같은 여러 관아가 위치했다.

근대기에 들어 금융 관련 기관이 속속 들어서기 시작하면서 이곳은 한국 금융의 중심지로 성장했다. 이러한 지역의 역사성을 이어받아 옛 조흥은행 본점 주변 일대는 지금도 국내 주요 은행, 증권, 자산운용사의 본점이 자리를 잡고 있다. 일제강점기 시절 청계천 북측에 동일은행이 있었고, 청계천에서 을지로 사이에 한성은행, 조선상업은행, 해동은행, 18은행이 분포했다.

중구 남대문로 1가 19에는 서울특별시 기념물로 지정된 광통관이 있다. 이 건물은 1909년 탁지부(度支部)에서 금융 관련 기관의 집회소로 쓰기 위해 지은 지상 2층의 벽돌 건물이다. 대한천일은행은 1899년에 창립한 민족계 근대은행으로 오늘날 우리은행의 전신이다. 창립 초기에는 대한제국의 중앙은행 역할을 했다. 현재는 대한천일은행본점 터(大韓天一銀行本店址) 표석이 세워져 있다. 건물 외관은 100년 전의 경성을 연상케 하는데, 외벽은 붉은 벽돌로 마감하고 기둥과 창틀, 난간 등에는 화강암을 사용했으며, 건물 양쪽 지붕에 돔을 얹어 화려함을 주었다. 아울러 청계천 아랫길에는 많은 사람이 조깅이나 걷기를 하고 있으며, 날씨가 좋은 날에 천변 자전거 전용도로는 라이딩하는 사람들로 북적인다.

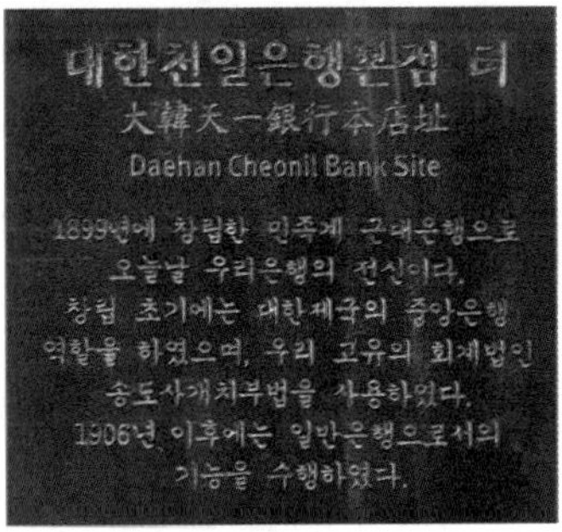

대한천일은행본점 터 표석

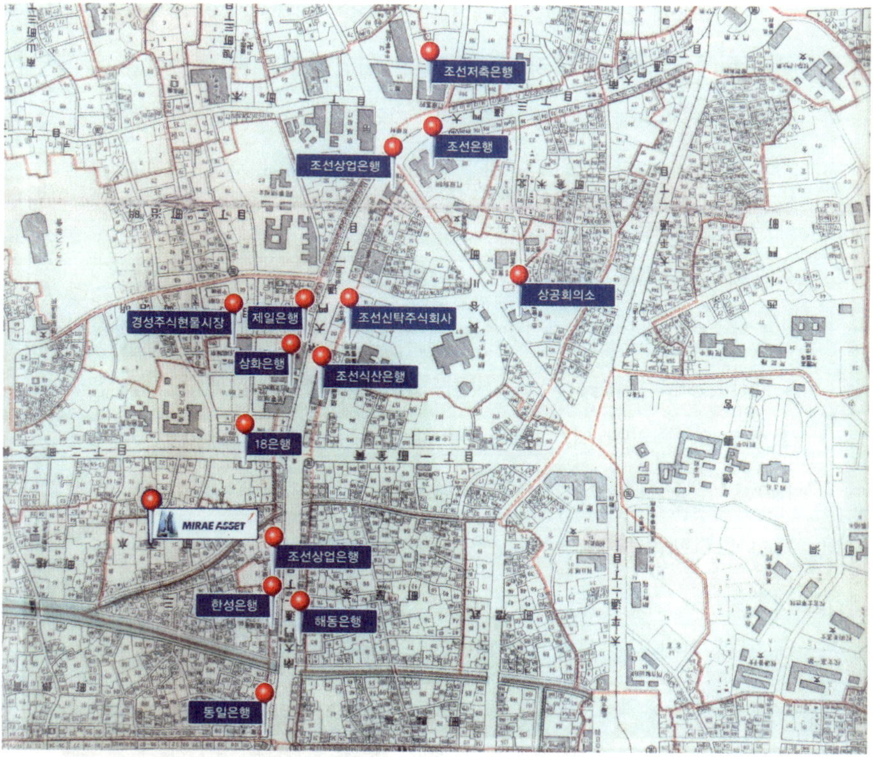

출처: 서울특별시.

근대기 남대문로의 은행 분포 현황

광교와 박태원의 소설 이야기

소설가 박태원은 청계천 변 다옥정(茶屋町), 지금의 다동에서 태어나 자랐다. 예전에는 다방골이라고 불렀는데 다도와 다례를 주관하던 관청인 다방이 있었기에 붙여진 이름이다. 그는 청계천을 배경으로 한 대표적인 문학작품인 「천변풍경」과 「소설가 구보씨의 일일」을 집필했다. 그중 「소설가 구보씨의 일일」은 『조선중앙일보』에 1934년 8월 1일부터 9월 19일까지 연재한 중편 소설로 한국 모더니즘 소설의 대표 작품이다. 작품의 주인공은 26세인 구보라는 소설가, 즉 박태원 자신이었다. 그는 청계천 주변을 산책하며 느낀 점을 글로 표현했다. 주요 내용을 정리하면 다음과 같다.

'소설가 구보씨의 일일'의 저자 박태원

구보라는 주인공은 미혼으로 어머니와 함께 살고 있다. 어느 날 아침 느지막이 일어나서 오후 내내 서울 시내를 돌아다니다가 새벽 두 시쯤 집으로 돌아가기까지의 행적을 서술한 것이다. 그가 청계천 변 다옥정(다동)에 있는 집에서 나왔다가 다시 귀가할 때까지 돌아다닌 길은 화신백화점에서 서울역까지의 사이에 가로놓인 공간이었다. 구보는 다옥정의 자기 집을 나와 광교까지 걷는다. 그는 먼저 오른쪽으로 돌아 종로로 간다. 그리고는 곧바로 화신백화점을 찾아간다. 백화점을 나온 구보는 전차를 탄다. 그를 태운 전차가 동대문, 경성운동장, 그리고 야초정(若草町)을 거쳐 조선은행 앞까지 왔을 때 구보는 전차에서 내려 장곡천정(長谷川町)에 있는 다방 낙랑팔라(경성 예술가들의 아지트)와 경성역 사이를 몇 시간 동안 돌아다닌다. 저녁 시간이 되자 그는 다시 종로 쪽으로 향한다. 종로경찰서 앞을 지나 다료(茶寮)에 들렀는데, 여기는 박태원의 친구 소설가 이상(李箱, 1910~1937)이 경영하는 다방 '제비'였다. 구보는 이상과 함께 대창옥에 가서 저녁 식사를 한다. 대창옥은 지금의 영풍문고 자리에 있던 유명한 식당이었다. 식사 후 구보와 이상은 밤거리를 걸어 종각 뒤 그들이 가끔 드나드는 술집으로 간다. 그러나 잘 아는 여급이 그곳을 떠나 낙원정의 어느 카페로 옮겨간 것을 알고는 다시 밤의 종로 거리를 걸어 그 카페를 찾아간다. 이곳이 그날 구보가 돌아가는 마지막 경유지였다.

이 소설에는 몇 가지 흥미로운 점이 있다. 우선, 서울 사대문 안의 청계천과 종로, 경성운동장, 경성역 등 당시 도시민들의 생활공간이었던 장소가 배경으로 나온다는 점이다. 화신백화점은 당대 최고의 쇼핑 장소였으며, 자본주의 색채가 강한 시설이었다. 구보는 도시의 모더니티에 매혹되지만, 그에 빠지지는 못했다. 그 이유는 그가 문학하는 인간이며, 동시에 돈이 없었기 때문이다(채호석, 2006). 그리고 당시 청계천 변 종로 쪽에는 다양한 카페가 성업하여 도시민들이 사교를 즐겼다는 점, 그리고 청계천 주변 지역은 새벽 2시까지 활보할 수 있을 정도로 상업화된 공간이었음을 보여준다.

보신각

청계천 광교 사거리에서 북쪽으로 70m쯤 가면 보신각(普信閣)이 나타난다. 보신각은 서울특별시 종로구 관철동에 있는 2층짜리 전통 한옥 누각이다. 보신각종을 걸어 놓기 위해 만든 것으로 정면 5칸, 측면 4칸의 구조로 되어 있다.

1396년(태조 5) 창건했다가 1869년(고종 6), 1979년 8월에 재건했다. '종로'라는 명칭은 종로 사거리에 도성을 여닫고 인정과 파루를 알리는 종루가 세워져 있던 데서 유래한 것이다. 보신각 터라는 이름으로 1997년 11월 10일에 서울특별시 기념물 제10호로 지정되었다.

보신각은 조선 사대문 축조의 기본이 된 '5상(五常, 仁 · 義 · 禮 · 智 · 信)'의 최종 결정판이다. 즉 신(信)의 상징인 것이다. 그렇지만 보신각은 처음부터 명칭이 보신각이 아니었다. 1396년 조선 태조 시기에 건립되었을 때는 '종각(鐘閣)'이라는 이름이 쓰였다.

보신각은 하루에 두 번 종을 치며 성문의 여닫음을 통보함에 따라 서울 장안 사람들의 생활시간을 지배했다. 관상감(觀象監)에서 매일 시각을 측정하여 알리면 종루에서는 인정(야간 통금)에 28번, 파루(야간 통금 해제)에 33번 종을 쳤다. 조선 후기 문신인 홍의호(洪義浩, 1758~1826)의 시 '종각'을 보면 "높은 누각 큰 종이 야경시간 알리고 성안 가득 우렛소리처럼 저녁과 새벽을 나눈다네"라는 글귀가 있어 보신각이 장안 사람들의 생활시간을 좌우했음을 알 수 있다(홍의호 ·

강세륜 · 강준흠, 2024).

조선시대 때 한양에 종을 처음 건 것은 1398년(태조 7)으로, 광주에서 주조한 종을 청운교 서쪽 종루에 걸었다. 1413년(태종 13)에 종루를 통운교(지금의 종로 네거리)로 옮기고 1458년(세조 4)에는 새로운 대종(大鐘)을 주조하여 달았으나 임진왜란으로 종루는 소실되고 종도 파괴되었다. 그 후 1619년(광해군 11)에 종각을 다시 짓고 종을 걸었는데, 이때 세운 종각은 임진왜란 전의 2층 종루가 아니고 1층 종각이었으며 여기에 건 종은 명례동(지금의 명동 인근) 고개에 있었던 것을 옮겨왔다고 한다.

그 후 조선 후기까지 4차례의 화재와 중건이 있다가 1895년(고종 32)에 고종이 직접 쓴 '보신각'이란 편액이 걸린 이후 종도 보신각종이라 부르게 되었다. 6 · 25전쟁으로 종각이 파손된 것을 1953년 중건했다가 1979년 다시 철근 콘크리트 구조의 2층 종루로 복원했고, 원래의 종을 보존하기 위해 1985년에 새로운 종을 주조하여 지금에 이른다. 현재의 편액은 1953년 중건 당시에 내건 것이며, 편액의 글씨는 이승만 대통령이 직접 썼다고 전해진다.

매년 양력 1월 1일 자정을 기해 보신각종을 33번 치는 제야의 종 타종 행사는 대한민국의 가장 대표적인 새해맞이 행사다. 매년 타종 행사가 열릴 때마다 수많은 시민이 보신각 앞에 운집하는 것으로도 유명하다. 제야의 종 타종 행사에서는 정례적으로 서울특별시장,

보신각

서울특별시의회 의장, 서울특별시 교육감, 서울특별시 지방경찰청장, 종로구청장이 참석하며 서울특별시 홈페이지 등을 통해 추천받은 시민 대표 11명이 참여한다.

종로 '젊음의 거리'

종로는 1960년대부터 1980년대까지 다양한 기능을 지닌 도심이었다. 조선 초기 도성 안의 물자를 공급하기 위하여 시전행랑을 조성했던 것이 상업가가 형성되는 계기가 되었고, 육의전이라는 전매업 형태로 변모했다. 일제하에 종로 3가 일대에 서점이 들어서면서 오늘날 종로에 서점가가 자리 잡은 발판이 되었다. 종로의 관철동 일대는 1960년대 음악다방, 1970년대 생맥주집, 1980년대 학사주점이 들어서면서 젊은이들이 모여드는 곳이었다(권오만 외, 2002). 한때 폐업했다가 다시 등장했지만, 1980년 교보문고가 개업하기 전까지 고려서적은 젊은이들의 만남의 공간이기도 했다.

종로 '젊음의 거리' 풍경

이러한 배경하에 서울시 2009년 6월 17일에 종로구 관철동 '젊음의 거리' 특화 거리를 조성하여 종로의 새로운 쇼핑과 문화의 거리가 탄생했다. 서울의 대표 거리, 서울의 얼굴인 종로 거리에 무질서한 노점상 행위가 만연하여 그동안 시민들의 보행권이 심하게 제약됐었다. 서울시에서 지도 · 단속에 나섰지만, 그때뿐. 노점행위가 재발생하는 악순환이 되풀이되어 시민의 통행 불편을 해소하는 데는 큰 도움이 되지 못했다. 이러한 현실 속에서 '걷기 편한 종로거리'를 위한 시민 고객의 보행권 확보와 생계형 노점상의 안정적 영업행위 보장을 동시에 만족시키는 방안으로 서울시와 종로구는 종로 특화거리 조성 사업을 추진했다.

한국의 전통이 살아 넘치는 인사동과 한류와 최신 유행 트렌드를 가장 먼저 접할 수 있는 명동을 잇는 지점에 관철동 '젊음의 거리'가 자리 잡고 있다. 북쪽으로 가면 종로 2가, 동쪽으로는 관수동, 남쪽으로는 삼각동, 서쪽으로는 서린동이 있다. 청계천 북쪽 종로지역은 1980년대부터 대학생 등 청년들이 많이 찾던 곳이었다.

그래서 이곳은 저마다의 목적지를 향한 갈림길인 동시에 모든 문화와 유행이 모여드는 집결지라고도 할 수 있다. 또한 각양각색의 사람들을 위한 각종 편의시설과 식당 등이 많다. 청계천의 야경을 바라보며 테라스에 앉아 세계 각국의 음식과 문화를 즐길 수 있다. 영화나 공연 등의 문화시설로의 접근성도 좋다.

2009년 4월 시민 · 고객의 보행환경에 장애요인이 되었던 기존의 피아노 구조물을 철거한 후, 디자인 전문가들의 자문을 받아 깔끔하고 세련된 새로운 구조물을 설치하고, 이동형 · 규격화된 노점 96개를 '젊음의 거리'에 배치함으로써 종로 2가 대로변의 시민 · 고객 보행권 개선과 상권 활성화의 큰 계기를 만들었다. 서울시와 종로구는 종로 '젊음의 거리'를 청계천, 인사동, 동대문과 연계하는 관광코스로 개발하고, 노점 판매 상품의 가격이 저렴하면서도 다른 지역과 차별화된 양질의 액세서리, 의류, 잡화 등 공산품 위주의 상품을 판매하고, 시민 고객에 대한 서비스 개선을 유도했다(서울특별시, 2009.6.17).

장통교와 왈자 이야기

장통교는 조선시대 5부 52방 가운데 하나인 장통방(長通坊)이 있던 자리라 하여 장통교라는 이름이 붙었다. 다리 근처에 긴 창고가 있었다고 하여 장창교(長倉橋) 또는 장찻골다리라고도 했다. 현재 장교동 한화빌딩 앞에 놓여 있다. 청계천을 복개하기 전, 다리 서쪽 기둥에 "신미개조(辛未改造)", "기해개조(己亥改造)"라는 여덟 글자가 남아 있어 두 차례에 걸쳐 보수되었음을 알 수 있다.

본래 장통교가 있던 자리는 남산에서 발원해 북쪽으로 흐르는 창동천(倉洞川)과 중구 회현동(會賢洞)을 거쳐 내려오는 물줄기가 소광통교(小廣通橋)에서 만난 뒤, 다시 남산동천의 물줄기와 합해져 청계천의 본류와 합류하는 지점이었다. 청계천을 복개할 때 없어졌는데,

2003년 7월부터 추진된 청계천 복원사업의 일환으로 2005년 새롭게 건설되었다. 장통교 남쪽에는 첨단 비즈니스 빌딩들이 즐비하여 새롭게 복원된 청계천과 잘 어울린다.

조선시대에 상업활동의 중심지였던 청계천을 중심으로 활동하던 사람들을 왈자(曰子)라 불렀다. 구체적으로는 기술직 중인, 경아전(京衙前, 각사 서리, 대가의 겸종), 액예(掖隸, 대전별감, 무예별감), 군교(軍校, 포교 등 하급 군인), 시전상인을 총칭하는 말이다. 이들은 상업이 번창한 서울 도심부에서 술집과 기방을 주름잡던 중간계층이었다. 천민이지만, 기방에서 손님을 상대하는 기생 또한 청계천에서 활동하던 주요 구성원이었다.

왈자는 직역에 따라 각각 거주지역을 달리했다. 청계천 상류에서부터 지역별로 거주하고 있는 청계천 사람들을 살펴보면, 우선 광통교를 중심으로 상류 '윗대'에는 각 관에서 소속된 서리 등 경아전들이 거주했으며, 장통교, 수표교의 중촌에는 중인들이, 효경교 아래 아랫대에는 군교들이 거주했다. 중촌은 조선시대 장통교와 수표교 주변의 역관, 의관, 천문관, 시전상인들이 모여 사는 남촌과 북촌 사이의 마을을 총칭하는 마을 이름이다. 또한 광통교 부근의 다동, 상사동은 상업활동의 중심지로서 시전의 상인들이 살았다.

청계천 변 첨단 빌딩들

장통교에는 아홉 부자와 가난뱅이 친구의 이야기가 전해진다. 아홉 부자는 도무지 적선하거나 아끼는 법이 없이 뻔질나게 쾌락만 일삼는 자들로서 소일거리로 가난한 친구를 조롱하곤 했다. 어느 날 이들은 어김없이 장난을 쳐 가난뱅이 친구가 혼절했는데, 이 일을 계기로 부자들이 가난뱅이 친구들에게 재물을 나누어 주었고, 후에 가난뱅이 친구가 부자가 되어 곱절로 갚았다는 이야기이다. 이 이야기는 조선 후기 서울 부자들의 교만하고 방자한 모습을 풍자했다고 평가받는다(조광권, 2005).

오늘날 청계천이 도시산업의 중심지로서 큰 비중을 차지하고 있지만, 조선시대에도 청계천 주변은 상업과 수공업의 중심지였다. 상인들은 사람들이 통행하는 거리 쪽으로 점포를 내고, 그 뒤쪽에는 자신들이 거주하는 살림집을 마련했다. 시전상인들은 서린동과 다동 일대와 상사동(想思洞, 지금의 청진동과 종로 1가 사이) 일대에 특히 많이 살았다. 이들은 다른 지방의 상인들과는 달리 특권을 누리고 있었다. 원래 사농공상(士農工商)이라는 조선시대의 신분 체계로 볼 때 상인은 가장 아래에 있었다.

그런데 서울에 사는 시전상인만은 경아전과 같은 중인의 지위에 있었으며, 실제 상업적인 부를 기반으로 경아전이 되기도 했다. 상업과 수공업의 중심지로서 물품의 거래가 활빌하고, 많은 사람이 왕래했던 청계천 지역은 자연스럽게 도성 내의 대표적인 유흥가가 되었다.

특히 조선 후기 청계천 지역은 상공업의 발달에 따라 소비적 유흥 분위기가 조성되었다. 주사(酒肆, 술집)와 기방(妓房)이 번창하고 도박 따위가 성행했다. 길거리 곳곳에는 주막 깃발이 펄럭이고, 술과 매음을 영업 종목으로 하는 색주가(色酒家)가 형성될 수 있었던 것은 이들 상인을 중심으로 한 소비층이 탄탄하게 형성되었기 때문이다. 청계천 사람들은 상류 양반 계층이 아닌 시전상인, 역관, 의관과 같은 기술적 관료, 하급 군인과 기생, 거지와 같은 조선시대 신분 구조상 기층을 이루는 중하층 사람들로, 이들은 청계천뿐만 아니라 한양의 기층문화를 만들어 이끌어가는 주인공들이었다.

그중 광통교에서 수표교 사이는 조선시대 제1의 놀이 중심지였다. 우선 광통교와 수표교 일대는 닭싸움과 타구의 현장이었다. 당시 닭싸움은 단순한 오락을 넘어서 도박이라는 사회문제가 되었다. 그리고 이 구간에는 음식점이나 찻집 등 근대적 소비시설도 들어섰다.

한편 장통교에서 삼일교 방향으로 가다 보면 청계천을 복원할 때 설치한 워터스크린이 있다. 남쪽 벽에 폭 6m의 물커튼을 선보이는 삼각동 워터스크린은 보기만 해도 더위를 식혀줄 만큼 시원한 수막영상이 재생된다. 청계천 전 구간에는 모두 10개의 분수가 있다. 유명한 청계광장 분수와 폭포, 오간수교 패턴 천변분수, 오간수문 벽천분수, 비우당교 터널분수가 유명하다.

청계천 워터스크린

개천도감과 준천사

예로부터 서울은 계절풍의 영향을 받아 봄·가을에는 건조하고 여름에는 고온다습했다. 따라서 청계천은 비가 적은 봄, 가을은 대부분 물이 말라 건천(乾川)이었던 반면, 비가 많이 내리는 여름철 우기에는 조금만 비가 와도 물이 넘쳐 홍수가 날 정도로 건기, 우기에 따라 유량의 변화가 심했다. 더구나 청계천은 도심 한가운데 있었으며, 주변에는 시전행랑과 민가가 밀집했다. 그래서 비가 많이 와서 물이 넘치면 가옥이 침수되거나 다리가 유실되고 익사자가 발생하는 것은 흔한 일이었다(서울특별시, 2006).

청계천 범람의 원인은 폭우로 인해 급격하게 불어난 물이 가장 큰 문제였다. 그 밖에도 민가에서 버리는 쓰레기와 토사도 한몫했다. 조선왕조에서는 도성 내의 배수 문제를 해결하기 위해 태종 때부터 개천 공사를 시행했다(조정육, 2022).

개천도감은 조선 태종대 도성 내 하천을 준설하기 위해 설치한 임시 관청이다. 개천도감은 1411년(태종 11) 윤 12월에 설치되었다. 그리고 이듬해인 1412년 1월 15일부터 2월 15일까지 약 한 달 동안 충청, 강원, 전라도 일대에서 52,800명을 동원하여 한성(漢城) 내 하천의 물길을 정비하고 다리를 조성하는 공사를 진행했다. 주요 하천의 양안을 돌로 쌓고 광통교, 혜정교 등을 돌다리로 개축했다. 자연 하천이었던 청계천이 인공적 준설공사를 통해 새롭게 태어난 개천이 된 시점이다(전우용, 2001).

'개천(開川)'이라는 말은 '내를 파내다'라는 의미로 자연 상태의 하천을 정비하는 토목 공사의 이름이었는데, 이때의 개천 공사를 계기로 지금의 청계천을 가리키는 고유명사가 되었다. 1412년 2월, 청계천 물길 정비를 마친 후 개천도감은 행랑조성도감(行廊造成都監)으로 전환되어 시전 등의 행랑을 건설하는 작업을 맡았다. 따라서 당시의 개천 준설은 행랑 건설을 위해 토대를 정비한 사업이었다.

태종 때 행랑을 건설한 이유는 상업을 통제하기 위해서였다. 태종은 상인층이 부를 축적하자 국가적으로 이를 통제할 수 있는 정책을 강력히 추진하고자 했다. 이에 따라 화폐의 기능을 대신하던 추포(麤布, 옛날 시전에서 유통의 수단으로 사용한 포화의 하나)를 압수하고 지폐(楮貨)를 통용하려 했다. 그러나 상인층은 이에 응하지 않았고 이를 피하기 위해 한성과 개경에 집을 지어 놓고 추포를 이리저리 감추곤 했다. 또한 한성 내 시장이 정비되어 있지 않아 도둑질 등의 범죄가 빈번하게 발생하기도 했다. 이에 태종은 시전행랑 건설을 추진하고, 그에 앞서 한양 안을 가로지르는 하천을 정비한 것이다.

태종 때 개천 공사가 주로 개천 본류에 대한 정비였다면, 세종 때는 지천(支川)과 작은 세천(細川)의 정비에 큰 노력을 기울였다. 특히 종로 남북으로 늘어선 시전행랑(市廛行廊) 뒤편에 도랑을 파서 물길을 하천 하류에 바로 연결했다. 이를 통해 지천의 물이 한꺼번에 개천 상류로 몰려들어 넘쳐나는 것을 방지함으로써 도심의 홍수를 예방할 수 있었다.

세종은 또한 수성금화도감(修城禁火都監)을 설치하여 개천 사업뿐만 아니라 도성의 보수, 방화 사업까지 담당하게 했다. 그러다 1460년(세조 6)에 단행된 중앙 각 관서의 대폭적인 기구 축소 때 수성금화도감은 폐지되고 수성은 공조로, 금화는 한성부로 이관되었다. 그러나 개천에 대해서는 전혀 언급이 없었다. 이에 따라 준천공사가 수백 년간 시행되지 않고 방치되었다.

당시 청계천의 성격을 두고 세종 때 풍수학상의 명당수로서 늘 깨끗하게 유지해야 한다는 명분론적 주장과 도성에는 많은 사람이 살고 있어 더러운 것이 많이 생기므로 이것을 배출할 하천이 있어야 한다는 현실적 주장이 맞서고 있었다. 1444년(세종 26) 집현전 학사 이선로(李善老)와 영의정 황희(黃喜), 우의정 신개(申槩) 등은 각 가정에서 더럽고 냄새나는 물건을 개천에 버리지 못하도록 단속하고 관리해야 한다고 주장했다.

그러나 같은 해 집현전 교리 어효첨(魚孝瞻)은 도읍지에서 사람들이 많이 살기 때문에 더럽고 냄새나는 것이 쌓이게 되는 것은 당연하며, 따라서 더러운 것을 흘려보낼 넓은 시내가 있어야 도읍이 깨끗해질 수 있다고 반박했다(조광권, 2005). 이 논쟁에서 세종이 어효첨의 주장을 받아들임으로써 청계천은 생활하천으로 결정되었다. 이로써 청계천은 조선왕조 500년 동안 도성에서 배출되는 많은 생활 쓰레기를 씻어내는 하수도의 기능을 함으로써 도성 전체를 깨끗하게 유지할 수 있었다.

태종과 세종 때의 준천 이후 거의 300년 동안 특별한 개천 공사가 이루어지지 않았다. 그 시기 개천 관리는 양쪽 개천가에 초목을 정리하거나 큰물 때 흙벽이 허물어지는 것을 방지하기 위해 버드나무를 심는 것으로 한정되었다. 이는 세종 때에 결정된 생활하천으로서 개천의 역할을 존중했기 때문이다.

개천 공사의 핵심은 준천(濬川)이었다. '준(濬)'은 '치다', '파내어 물길을 통하다'라는 뜻이다. 따라서 준천은 토사와 쓰레기가 쌓여 물길을 가로막는 하천의 밑바닥(河床)을 파내는 작업이 가장 중요하다. 그와 함께 개천 양쪽 기슭의 제방을 보수하고 수문을 정비하는 작업을 병행하여 침수 피해를 방지하는 것이 목적이었다(조정육, 2022).

조선왕조의 청계천 공사 중 가장 유명한 사건은 영조가 즉위한 지 36년째 되던 1760년의 준천이었다. 그 해가 경진(庚辰)년이었으므로 이때의 준천을 흔히 '경진준천'이라고 부른다. 경진준천은 1760년 2월 18일부터 4월 15일까지 57일 동안 시행되었다. 경진준천은 영조가 자신의 재위 동안 '균역(均役), 탕평(蕩平), 준천(濬川)'을 최고의 치적으로 자평할 만큼 심혈을 기울인 국책사업 중 하나였다. 그는 준천을 시작하기 10여 년 전부터 소요경비와 노동력 등을 치밀하게 준비했으며 후손들을 위해 그 결과를 정리했다.

경진준천에 관한 기록은 『준천사실(濬川事實)』에 기록하고, 행사 장면은 『어전준천제명첩(御前濬川題名帖)』으로 남겼다. 영조는 당시 개천 상황을 다음과 같이 술회했다. "오호라! 개국 초 한양을 수도로 정할 때는 어찌 이러한 폐단이 있었겠는가. 백성들이 늘어나고 기강이 해이해져, 여러 산은 민둥산이 되어 모래와 돌이 쓸려 내려 개천을 모두 메워버렸다. 심지어 을해년(1755년, 영조 31)에는 광통교 밑으로는 모두 범람했으니, 이미 그때 한심한 지경에 이르렀다"(서울특별시,

2006). 1752년(영조 28)에 영조는 친히 광통교 위에 찾아와서 지역의 백성들을 불러 개천의 상황과 의견을 들었다. 이때 백성 중 한 명이 "신 등이 소시에는 말을 타고 다리 아래를 지나다녔는데, 지금은 다리가 모래와 맞붙었습니다. 전에 수레를 발동하여 파내었지만 오래고 보니 또 이렇게 되었습니다"라고 했다(서울특별시, 1972).

『준천사실』과 화첩 그리고 『영조실록』을 참고하면 당시의 준천 상황을 정확히 파악할 수 있다. 1760년(영조 36) 3월 16일 영조는 홍봉한(洪鳳漢, 1713~1778)에게 "준천한 뒤에 몇 년이나 지탱할 수 있겠는가?"를 물었고, 홍봉한은 "그 효과가 백 년은 갈 것입니다"라고 대답했다는 기록이 있다. 이처럼 영조는 준천의 지속가능성을 고려했다.

준천사는 경진준천이 마무리된 후 도성 안의 하수도인 개천을 준설 · 소통시키며, 백악(白岳) · 인왕(仁旺) · 목멱(木覓) · 낙산(駱山) 등 내사산의 나무 보호를 위해 설치한 관서다. 이미 태종 때인 1411년 개천도감(開川都監)을 설치하여 백악 · 인왕 등의 산에서 흘러내리는 물과 민가의 하수구에서 배출되는 물을 처리하는 인공 배수로를 만들었다.

그러나 이후 300여 년간 개천 관리가 소홀해지면서 오물과 퇴적물로 수구가 막히고 악취도 심해져 1759년 준설에 착수하여 57일 만인 4월 15일에 준설과 제방 석축의 보수 등 작업을 완료했다. 준천에 동원된 인력은 한성부민 15만 명, 고정(雇丁, 고용인력) 5만 명 등 모두

20만 명이고, 전(錢) 35,000민(緡), 쌀 2,300여 석(石)이 투입되었다. 준설을 완료한 후 상설기구로 설치되어 준천 관리와 내사산 보호를 담당했다.

준천사는 준설 때 사용하고 남은 1만 2,000냥을 미곡(米穀) 4,000석으로 바꾸어 이를 자본으로 장리(長利)를 놓아 거기서 나오는 이자로써 해를 걸러 한 번씩 정기적으로 소규모의 준천과 제방 수리를 했다. 또한, 1789년(정조 13) 한강의 부교(浮橋) 조성과 조운(漕運)을 관장하는 주교사(舟橋司)가 병설기구로 설치됨에 따라 이에 관한 임무까지 아울러 담당했다. 그러나 적어도 100년은 가리라는 당초 홍봉한의 주장과는 달리 1832년(순조 32) 다시 개천이 막히는 사고가 일어나 준천사의 주관하에 약 7만 5,000여 냥을 들여 대대적인 준천사업이 다시 진행되었다.

개천이 준설되고 나서 송기교에서 장통교까지는 훈련도감, 장통교에서 태평교까지는 금위영, 태평교에서 영도교까지는 어영청이 각각 맡았다. 그러나 인력과 물력을 투입한 만큼의 효과를 거두지 못하자 철종 때에는 준천을 주관한 준천사의 제조(提調)가 문책당하고, 또 공정을 분담했던 어영청 관할의 준천이 부실함을 들어 어영대장이 파면되기도 했다. 준천사는 본래 문신의 관청이었나. 그러나 주교사와 병합한 뒤에는 업무가 문관이 담당하기는 적합하지 못하다고 해 1865년(고종 2) 무관의 관청으로 이속되었다.

그 후 1882년 사무가 주로 청계천의 공사에 치중된다고 하여 다시 한성부에 통합되었다. 준천사는 1894년(고종 31) 준천 업무를 한성부에 이관하면서 폐지되었다. 준천사가 있던 동네를 준천사동이라 했는데, 1914년 관수동으로 바뀌었다. 종로 3가역 14번 출구에서 나와 청계천 방향으로 가다 보면 관수교 옆 공중화장실 앞 보도에 2016년에 세워진 준천사 터 표석이 세워져 있다.

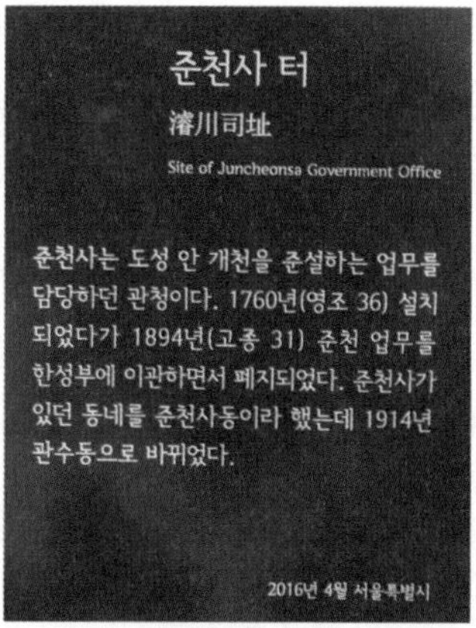

준천사 터 표석

영조는 57일 동안의 공사 기간 중 여러 차례 준설 현장을 방문했다. 특히 오간수문이 있는 흥인지문에만 세 차례 방문할 정도로 이곳을 중요하게 여겼다. 오간수문은 흥인지문 남쪽 아래에 있는데 도성 안에서 밖으로 물이 빠져나가는 분기점이 되는 장소다. 오간수문이 원활하게 작동해야 최종적으로 도성의 하천 문제가 해결된다고 할 수 있다.

「수문상친림관역(水門上親臨觀役)」은 1760년 3월 10일, 임금이 오간수문에 친히 납시어 국역(國役)을 관람하는 모습을 그린 기록화로 『어전준천제명첩』에 수록되었다. 이 그림은 오간수문을 중심으로 상단과 하단으로 나뉜다. 상단에는 성벽에 몸소 나온 영조와 관원들을, 하단에는 역부들과 구경꾼 등 공사 현장을 그렸다. 상단은 전체 화면의 3분의 1 정도로 작게 처리하고, 나머지 3분의 2 정도의 화면은 수문 아래의 현장을 담아 국역(國役) 장면을 부각했다. 수문 아래의 현장은 중앙의 깃발을 중심으로 양쪽에 3인 1조가 되어 가래질하는 일꾼들과 개천 바닥에서 퍼낸 흙을 실어 나르는 소를 그렸다. 일꾼들 바깥으로는 굵은 먹선으로 경계선을 그리고 그 바깥에는 상을 받아 점심을 먹는 일꾼들과 뒤쪽의 구경꾼들을 배치했다.

출처: 부산시립미술관.

주: 이 그림은 오간수문 앞의 공사 현장을 생생하게 묘사하고, 왼편 위에 살짝 보이는 건물이 흥인지문이다.

수문상친림관역도(水門上親臨觀役圖)

영조는 준천 상황을 둘러보고 일꾼들에게 점심을 내렸다. 구경꾼들은 갓부터 발까지 온전하게 그린 반면, 개천 바닥에서 작업하고 있는 일꾼들과 소는 발을 그리다가 말았다. 그들의 발이 깊은 뻘에 빠진 것을 보여주기 위함이다. 이날 도성에서는 동시에 총 8개소에서 준설을 진행했는데 인부들은 모두 자원한 한성의 주민들이거나 품삯을 받고 고용된 지방민들이었다. 이 그림은 조선시대 전체 그림 중에서 왕이 백성들의 일하는 장면을 지켜보는 유일한 작품이라고 할 수 있다.

비록 이 그림에서 영조의 모습은 보이지 않지만, 상단 휘장 아래 의자와 붉은 일산(日傘, 햇볕을 가리기 위하여 세우는 큰 양산)으로 실존을 암시했다. 그림은 화첩의 중앙 접히는 부분 상단에 놓인 왕의 의자를 중심으로 좌우 대칭적인 구도이다. 비록 전체 화면은 공사하는 현장을 크게 부각한 것 같지만 그 정점의 상단에 왕이 앉아 있음으로써 이 모든 역사의 지휘책임자가 영조임을 드러냈다.

청계천 준천은 지속적인 범람으로 누구나 그 필요성은 인정하면서도 비용 문제 때문에 엄두를 내지 못했던 대역사였다. 그래서 영조 이전에는 누구도 쉽게 삽을 뜨지 못하고 거의 300여 년 동안 방치하다시피 했던 고질적인 문제였다. 그 어려운 일을 영조가 마침내 완성했으니, 자신의 50년 치적 세 가지 중 하나로 손꼽을 만하다.

개천 준천은 정조 때에도 계속되었다. 영조는 개천의 석축공사 현장을 둘러볼 때 어린 손자를 대동했다. 정조는 어린 시절부터 개천 공사의 진행 과정을 지켜보며, 왕위에 오른 뒤에도 개천 관리에 각별한 관심을 가졌다. 영조 때 준천 공사가 끝난 후 광통교, 오간수문, 영도교의 개천 바닥에 경계를 표시하고 "경진지평(庚辰地平)"이라는 네 글자를 새겼는데, 정조는 글자가 새겨진 수표석을 준천 작업의 기준으로 삼았다. 그리고 1777년(정조 1) 준천을 게을리한 죄를 물어 담당 관리들을 문책하기도 했다(조광권, 2005).

순조 때에도 준천을 했다. 1828년(순조 33) 2월부터 4월까지 대대적으로 진행됐는데, 이때도 영조 대 경진년의 준천을 따라 시행되었다. 당시 준천사는 "송기교에서 영도교에 걸친 역사를 경진지평의 기준에 맞춰 끝났다"라고 보고했고, 왕은 당상이하(堂上以下)에게 상을 내렸다. 이후 철종과 고종 때에도 준천을 했다는 기록이 있다(조광권, 2005).

서울관광타운과 관광안내센터

3 · 1빌딩은 1969년에 건축가 김중업이 설계한 당시 서울에서 가장 높은 31층의 빌딩이다. 이 빌딩은 외관에서 느껴지는 비례미와 날렵한 형태로 주목을 받았다. 이후 서울의 이미지는 도로의 유려한 선과 고층빌딩의 입체감이 어우러져 대내외적으로 크게 바뀌었다. 당시 국민학교 국민교육헌장 풀이(5~6학년) 교재의 앞표지에 3 · 1빌딩

정면과 삼일고가도로가 등장한다. 삼일고가도로 또한 대한뉴스 등의 정부 홍보 영상물과 교과서 표지에서 한국의 발전상을 알리는 대표적인 상징물이다(청계천박물관, 2019).

삼일교를 건너기 전에 우뚝 솟은 3 · 1빌딩은 현재 서울관광의 메카이다. 서울관광재단, 서울시 관광협회가 들어서 있기 때문이다. 서울관광재단은 서울관광의 지속적인 성장과 발전을 위한 관광 허브로 서울관광플라자를 운영하고 있다.

서울관광안내센터 전경

3 · 1빌딩의 1층과 4층에는 관광정보와 체험을 제공하는 커뮤니케이션 거점을 운영하며, 5~8층은 관광 관련 기관과의 협업을 지원하는 거버넌스 거점, 그리고 9~10층에는 관광업계 육성과 성장을 지

원하는 보육 거점을 운영하고 있다. 건물 밖 청계천 변에는 국내외 관광객들을 위한 서울관광안내센터가 설치되어 있으며, 건물 안에도 관광체험 공간인 '여행자 카페'가 마련되어 있다.

4 삼일교에서 세운교까지

청계천 복개사업과 청계고가도로 건설

삼일교에 인접해 있는 3 · 1빌딩은 근대화의 상징처럼 여겨졌다. 1950년대 중반의 청계천은 한국전쟁 직후 서울에서 가장 대표적인 슬럼 지역이었다. 이 문제를 해결하기 위해 추진된 것이 청계천 복개사업이었다. 청계천을 복개하려는 최초의 계획이 수립된 것은 대한제국기였다. 청계천의 경관, 위생, 치안 등 여러 가지 부작용이 나타나면서 복개만이 이를 해결할 유일한 방안으로 인식되었다. 1895년 내부령 제9호로 종로 언저리 건물의 철거와 도로 확장계획이 발표되었고, 곧 종로에 전차 부설 공사가 시작되었다(진우용, 2001).

1920년대 서울의 환경과 위생 문제를 해결하기 위하여 복개 구상이 제기되었으며, 구체화한 것은 1934년 일제의 대경성계획(大京城

計劃) 수립과 1935년 청계천을 덮어 도로를 만들고 그 위에 고가철도를 놓겠다는 구상이었다. 실제 1937년에는 태평로에서 무교동에 이르는 구간에 복개공사가 진행되었다. 그러나 이후 전차부설 등의 계획은 재정적인 문제로 실현되지 못했다.

출처: 서울역사아카이브.

1969년 청계고가도로 개통 전 모습

일제가 청계천을 방치하는 동안 청계천 변 인구밀도는 살인적으로 높아졌고, 청계천에 흘러오는 오폐수도 늘어났다. 급기야 청계천은 서울시민의 생명을 위협하는 병원균의 집중 서식지가 되었다. 그리하여 청계천에 대한 시민의 인식도 나빠졌다. 그리하여 1930년대 중반부터 청계천을 깨끗한 하천으로 바꾸고, 주변에 산책 도로를 건설하여 공원화해야 한다는 논의가 본격적으로 나오기 시작했다. 그러나 이는 말뿐이었고 총독부나 경성부는 그럴 의지도 능력도 없었다(서울특별시, 2002). 결국 해방 후에도 청계천은 여전히 불결하고 문제가 심각한 도심 생활하천으로 남을 수밖에 없었다.

해방과 전쟁을 거치면서 청계천 문제는 날로 심각해졌다. 하루하루 살아가는 일조차 힘들었던 그 시절, 청계천을 덮는 것을 반대한 사람은 많지 않았다. 청계천 복개는 어쩌면 서울 사람들이 조선 후기 이래 수백 년간 품어 온 숙원이었다. 교통이나 위생과 같은 현실적인 문제 앞에서 역사나 문화의 보존은 사치스러운 고민거리에 불과했다.

청계천 복개사업이 본격적으로 시작된 것은 1958년부터였다. 1958년 5월부터 공사를 시작하여 1960년 방산시장까지 완공했다. 1961년 12월까지는 광교에서 청계 6가 오간수교 구간, 1965년부터 1967년까지는 청계 6가 오간수교에서 청계 8가 신설동 구간, 1970년부터 1977년까지는 청계 8가 신설동에서 신답철교 구간이 복개되었다. 그 위에 청계천로와 청계고가도로가 건설되었다. 청계천 주변의 판잣집들은 복개 과정에서 철거되고, 그 자리에는 맨션 · 상점가가 들어섰다. 이 과정에서 청계천 주변에 살던 많은 사람은 봉천동, 신림동, 상계동 등으로 강제로 이주당했다.

청계고가도로는 중구 광교에서 동대문구 용두동에 이르는 길이 5~6km, 폭 16m의 도로로, 1967년 8월 15일에 착공하여 1976년 8월 15일에 완공되었다. 현 마장동 견인차량보관소까지 청계천 복개가 최종 완료된 것은 1977년이었으니 대한민국 정부에서 광교~오간수문 간 복개공사를 착수한 때로부터 20년, 일제가 태평통~광교 구간을 복개한 때로부터 무려 40년의 세월이 걸렸다(서울특별시, 2003). 청계고가도로는 당시 교통을 분산시키고 차량 흐름을 빠르게 하는 근대화의 상징이었다.

당시 종로나 을지로는 5가, 6가까지밖에 없었지만, 오늘날 청계천로는 9가까지 확장되었다. 새로 난 길을 따라 새 건물도 속속 들어서서 청계천 신평화시장, 삼일아파트 등이 모두 당시로서는 현대식 시설이었지만, 세월이 흘러 이제는 오히려 도시의 경관을 해치는 낡은 구조물로 전락했다.

1980년 중반 이후 자가용 보급으로 인해 차량이 급격히 많아지고 고가 주변의 양복 · 전기부품 등의 도매 상가 앞에 정차하고 상하차 작업을 하는 차량이 줄줄이 이어지며 청계천로는 차량 정체가 심각한 곳이 되었다. 2000년대에 들어서는 고가도로의 노후화 문제로 2002년 7월부터는 안전상 대형차의 진입이 금지되었다. 이 때문에 청계고가도로를 철거해야 한다는 여론이 끓어올랐고, 일부 환경단체를 중심으로 청계천의 복개 역시 제거해야 한다는 주장이 나오기 시작했다.

청계고가도로는 1969년 3월 22일 삼일로~용두동 구간이 먼저 개통했으며, 용두동~마장동 구간은 1970년 8월, 마지막으로 삼일로~남산 1호터널 구간이 1976년 8월 15일에 개통되면서 전 구간이 완성되었다. 이후 대한민국 수도 서울의 고속 성장과 근대화를 상징하는 건축물로 오랫동안 자리매김했으나 도시 경관 저해, 복개 하천인 청계천의 오폐수로 인한 악취, 고가도로 노후화 등 여러 문제로 인해 2003년 6월 30일을 끝으로 철거되었으며, 현재는 옛 교각 일부만이 상징적 의미로 보존되어 있다.

출처: 서울기록원.

1969년 삼일고가도로 모습

1969년 1차 구간이 준공된 이후에는 3 · 1빌딩에서 이름을 딴 삼일고가도로(3 · 1고가도로)로 명명했으나, 1984년 11월 16일 서울시는 고가도로가 복개된 청계천 위에 세워진 구조물임을 고려하여 청계고가도로로 개칭했다. 이후 언론에서는 청계고가도로, 삼일고가도로 두 명칭을 혼용하다가 마장동~3 · 1빌딩(청계 2가) 구간은 청계고가도로, 3 · 1빌딩~남산 1호 터널 구간은 삼일고가도로로 구분하여 사용했다.

한편, 당시에는 서울시에 차량이 많지 않았지만, 이 고가의 건축 목적은 한국에 방문한 외국인을 위하여 김포공항에서 워커힐 호텔로 이어지는 직통도로의 역할을 했다는 설도 전해진다. 즉 고가 밑에서는 많은 사람이 영세한 산업을 지탱하지만 청계천을 가로지르는 고가도로는 외국인 관광객을 위한 서비스라는 이중적인 모습을 지니게 된 것이다(유하영, 2013).

2002년 취임한 이명박 당시 서울시장은 청계고가 철거를 청계천 복원사업과 연계해 2003년 6월 30일에 청계고가도로를 폐쇄한 후 철거했고, 2003년 7월 1일부터 2005년 10월 1일까지 3,600억 원을 들여 청계천의 복개를 뜯어내고 청계천 복원사업을 시행했다.

삼일교와 베를린광장

삼일교는 종로구 관철동 85번지와 중구 장교동 86번지 사이 청계천 삼일로에 있는 다리이다. 1919년 3월 1일 탑골공원에서 독립선언을 한 뒤 전국에서 일제의 탄압에 항거하는 시위운동을 벌였기 때문에 이를 기념하기 위해 도로 이름을 '삼일로'라고 했고 다리 이름도 여기서 유래되었다. 다리 인근의 인사동과 명동성당 등을 연계한 근대 건축의 이미지를 반영한 곳으로 2005년 9월 30일 청계천이 복원되면서 폭 43.5m, 연장 22.6m로 준공되었다.

베를린장벽과 곰상

삼일교 남측에는 청계천 한빛광장과 베를린광장이 조성되어 시민과 여행자들의 휴식처가 되고 있다. 청계천 베를린광장은 독일 베를린시가 2005년 청계천 복원 시기에 맞춰 서울시에 기증한 것이다.

광장에는 베를린시에서 보낸 콘크리트 장벽 3점과 100여 년 전에 만들어진 독일 전통 가로등과 벤치, 보도 포장이 설치됐다. 장벽 오른편에는 베를린의 상징 동물인 '곰' 조형물이 서 있다. 파란색 '곰'상의 몸통 왼편에는 남대문과 꽃다발을 든 사람들이, 오른편에는 브란덴부르크문과 사람들이 그려졌다. 이는 서울시민과 베를린 시민이 화합한다는 의미다.

베를린장벽은 1961년 동독에서 설치한 높이 3.5m, 폭 1.2m, 두께 0.4m인 장벽이다. 독일이 통일하면서 1989년 철거되어 베를린의 동부지역에 있는 마르잔 휴양공원에 전시되어 있던 것이다. 흥미로운 것은 L자형으로 꺾어진 형태로서, 이는 동독 쪽에서 차량으로 충격해 탈주하지 못하게 턱 역할을 하도록 만들어진 것이다(김현정, 2019). 서독 쪽의 벽면은 사람들이 접근할 수 있었으므로 이산가족 상봉과 통일을 염원하는 글들이 적혀 있다. 반면에 동독 쪽은 깨끗한 벽면으로 남았다. 서울시는 우리은행의 협찬을 받아 베를린시 마르잔 휴양공원 안에 서울공원을 조성했다.

한국천주교회 창립 터

3 · 1빌딩에서 청계 3가 방면으로 가다 보면 한국천주교회 창립 터 표석이 나온다. 1784년(정조 8) 겨울, 수표교 부근 이벽(李檗,

1754~1785)의 집이었던 이곳은 우리나라에서 세례식이 최초로 거행되어 한국천주교회가 창립한 유서 깊은 곳이다. 이벽은 선교사가 없는 조선에서 독학으로 천주교를 받아들이고 자발적으로 조직을 키워나간 매우 이례적인 인물이다. 이승훈(李承薰, 1756~1801)이 중국 베이징에서 세례를 받고 돌아오자, 이벽은 자기 집에서 권일신, 정약용과 함께 세례를 받았다.

1785년 역관 김범우(金範禹, 1751~1787)의 집에서 열린 신앙집회가 발각되어 이벽을 비롯한 참석자들이 모두 형조로 압송되었다. 이 사건으로 이벽은 배교를 강요당했고, 결국 32세의 나이로 순교했다. 2011년 천주교 서울대교구는 평신도에 의하여 자발적으로 신앙공동체가 탄생한 것을 기념하기 위해 이벽의 집터 인근으로 추정되는 곳에 '한국천주교회 창립 터' 기념 표석을 설치했다.

한국천주교 창립 터 표석

명동성당에서 시작되어 장악원 터(김범우의 집터), 한국천주교회 창립 터로 이어져 가회동 성당까지 가는 길은 교황청이 승인한 국제 순례지로 천주교 서울순례길 제1 코스 '말씀의 길'로 지정되었다.

정조대왕 능행반차도(청계 3경)

광교를 지나면 장통교가 나오고 그 부근에 정조대왕 능행반차도가 나온다. 이는 조선 22대 왕 정조가 어머니 경의왕후(敬懿王后, 혜경궁 홍씨)의 환갑을 기념하여 아버지 장헌세자(莊獻世子, 사도세자)가 묻힌 화성 현륭원(顯隆園)으로 행차하는 모습을 그린 그림이다.「정조대왕화성행행반차도(正祖大王華城幸行班次圖)」 또는「화성행차도(華城行次圖)」라고도 한다. 서울시는 이를 '청계 3경'으로 지정했다. 정확한 위치는 서울특별시 종로구 관철동 옛 조흥은행 본점과 3 · 1빌딩 사이 벽면이며, 세라믹 자기 타일 5,120장에 높이 2.4m, 길이 192m 크기로 재현했다. 2005년 9월 청계천 복원사업 준공에 맞추어 일반에 공개했다.

'반차도'란 궁중의 각종 의식 장면을 그린 그림으로서 행사에 참여한 문무백관이 임무와 품계에 따라 늘어서는 차례를 기록한 도표를 가리키며, 반열도(班列圖) 또는 노부도(鹵簿圖)라고도 한다. 반차도는 왕조의 위엄과 질서를 장엄하게 표현하면서도 낙천적이고 자유분방한 인물 묘사가 돋보인다. 왕실 기록화이자 한 폭의 커다란 풍속화를 연상시키는 반차도는 당시 행차의 격식과 복식, 의상, 의대 구성 등을 살필 수 있는 귀중한 역사적 가치를 지닌다.

정조대왕 능행반차도가 수록된『원행을묘정리의궤(園幸乙卯整理儀軌)』는 경의왕후의 환갑잔치 내용을 치밀하게 기록한 책이다. 이 책에는 김홍도(金弘道, 1745~1806)의 책임 아래 최득현, 김득신, 이인문, 장한종, 허식 등의 자비대령화원(差備待令畫員)들이 제작한 목판화가 남아 있는데, 왕의 행차가 창덕궁을 떠나 광통교를 건너 화성으로 가는 모습이 대표적이다. 이는 1795년 음력 윤 2월 9일부터 16일까지 8일 동안 진행된 정조의 화성 행차로, 경의왕후를 비롯하여 정조의 두 누이인 청연군주(淸衍君主)와 청선군주(淸璿君主)가 동행했고 우의정 채제공을 비롯한 문무백관과 나인, 호위 군사 등 6,000여 명이 동원되었다. 마치 거대한 병풍을 펼쳐놓은 듯 기록화의 경지를 넘은 빼어난 예술성을 보여준다. 「정조반차도」는 이들 가운데 1,779명의 사람과 말 779필의 모습을 세밀하게 표현했다. 흑백 목판 그림으로 남아 있던 「정조반차도」는 1994년에 채색하여 규장각에서 보관하고 있다.

정조대왕 반차도의 자세한 내용은 다음과 같다. 행차의 목적지가 경기도이므로 경기감사이자 정리사인 서유방(徐有防, 1741~1798)이 행차를 선도하는 가운데, 이 행사를 총괄하는 우의정 채제공(蔡濟恭, 1745~1806)이 임시로 총리대신의 직함을 띠고 장교와 서리, 녹사들의 호위를 받으며 말을 타고 간다. 그 뒤에 84명의 별기대와 활을 맨 마병, 총을 멘 보군(保軍)들이 북소리에 발을 맞추어 따라 간다. 행렬의 좌우에는 군뢰(軍牢, 죄인을 다루는 군인)와 깃발을 든 군인들이 고관을 호위한다.

청룡, 백호, 현무, 주작 등 깃발을 든 군인들이 앞장서고 그 뒤를 따르는 나팔, 피리, 호적, 북, 정, 솔발, 해금 등을 연주하는 악대들의 연주가 귀에 들리는 듯하다. 훈련도감의 책임자인 이경무(李敬懋, 1728~1799)가 직인을 실은 인마(印馬)와 갑옷을 실은 갑마(甲馬), 칼을 멘 군뢰를 앞세우고 뒤따르며, 그 뒤에 금군별장이 궁궐을 지키는 금군(禁軍) 25명을 거느리고 따르고 있다.

이후 정조가 타는 가마인 정가교(正駕轎)가 등장한다. 그러나 정조는 가마를 타지 않고 혜경궁 가마 뒤에서 말을 타고 간다. 임금의 어보(御寶)를 실은 어보마, 임금의 명령을 전달하는 선전관, 임금 옆에서 칼을 차고 호위하는 별운검, 너울을 쓴 궁궐의 나인(內人)들이 앞장서 가고 별초군인 50명을 이끌고 정리사이자 수어사인 심이지(沈履之, 1720~1780)가 뒤따른다. 그 뒤에 백택, 삼각, 주작, 벽봉, 각단 등 여러 짐승을 그린 임금의 의장 깃발과 금등자, 은등자 등 화려한 의장을 든 신하들이 가마를 에워싸고 따른다. 그 뒤에 임금을 상징하는 큰 독기(纛旗, 소꼬리나 꿩 꽁지로 장식한 큰 깃발)와 용기(龍旗, 용의 모습이 그려진 깃발)가 보인다.

51명의 악대가 말을 타고 가면서 대각, 나팔, 북, 점자, 자바라, 호적, 해금, 적(피리), 관, 장고, 나각, 정 등 10여 종의 악기를 연주하면서 용기의 뒤를 따른다. 타악기, 현악기, 관악기의 힘찬 연주가 귀에 들릴 듯하다. 악대 뒤에는 너울을 쓴 궁궐 나인과 형형색색의 깃발을 든 군인들이 따르고, 그 뒤에는 도중에 쉬면서 먹을 수라를 실은 수레가 경의왕후의 친척인 정리낭정 홍수영의 감시를 받으면서 가고 있다.

정리사이자 종용사인 서용보(徐龍輔, 1757~1824)가 인마와 갑마를 앞세우고 뒤따르고, 너울을 쓴 나인과 궁임(宮任)이 말을 타고 간다. 그 뒤에는 임금의 명령을 전달하는 선전관과 교련관들이 활을 메고 가며, 왕후의 가마를 모실 예비 말들과 임금의 갑옷을 실은 말들이 협련군(挾輦軍, 훈련도감에 속하여 임금이 탄 가마를 호위하는 군사)과 무예청 군인들의 삼엄한 호위를 받으며 따른다. 갑옷과 도장은 호랑이 가죽으로 싼 것이 인상적이다. 나인들은 왕족의 음식을 준비하고 시중을 들기 위해서 따랐다.

이 행차의 하이라이트에는 정조의 모후 경의왕후가 탄 자궁가교(慈宮駕轎)와 정조가 탄 좌마(坐馬)가 등장한다. 자궁가교는 두 마리의 말이 앞뒤에서 끌고 간다. 회초리를 든 근장군사(近仗軍士, 궁궐 안에서 출입자를 감시하는 군인들)들이 당당한 태도로 가마를 선도하고, 총을 멘 무예청의 총수(銃手)와 협련군들이 가마와 좌마를 삼엄하게 에워싸고 있다.

정조는 좌마에 앉아 어머니의 가마를 뒤따르고 있으나 임금의 모습은 그리지 않았다. 좌마 앞뒤에는 무장하지 않은 무예청 별감과 위내사령(임금이 탄 수레나 말을 호위병이 둘러싼 위내 공간에서 심부름하는 사령)이 에워싸고 있다. 뒤따르는 어용복마(御用卜馬, 임금이 쓸 여러 가지 물품을 실어나르는 말)가 임금의 용품을 싣고 간다.

정의왕후가 탄 자궁가교 행렬

정리사이자 부제조인 윤행임(尹行恁, 1762~1801)과 정리사이자 사복시 제조인 이시수(李時秀, 1745~1821)가 선도하는 가운데 정조의 두 누이인 청연군주와 청선군주의 가마가 나란히 따라 간다. 역시 두 마리의 말이 끌고 간다. 정조의 왕비인 효의왕후 김씨는 이 행차에 참가하지 않았다. 군주 가마 뒤에는 외빈과 장용영 부내의 시구관, 패장, 병방, 승지, 규장각 신하, 승정원 주서(注書), 예문관 한림(翰林),

의관, 등촉방 중관 등이 따른다. 주서와 한림은 이 행차를 기록하는 임무를 맡았고, 의관은 약물을 준비하며, 등촉방 중방은 등불과 촛불을 담당했다.

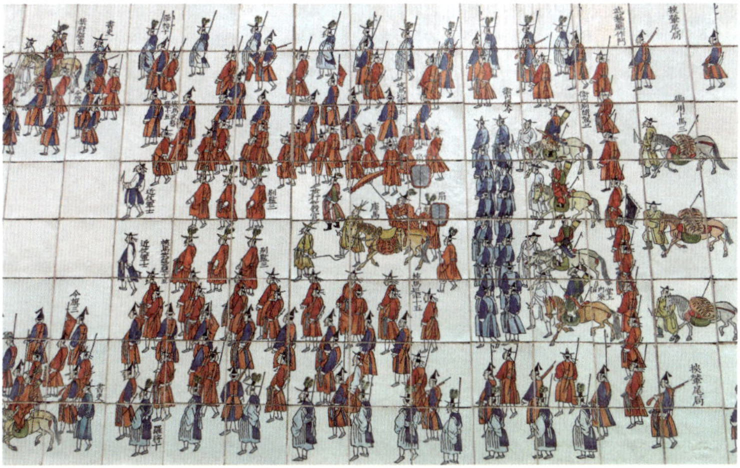

정조가 탄 좌무 행렬

정조의 친위부대로서 서울과 화성에 배치한 장용영(壯勇營) 군인 중에서 96명을 선발하여 행차에 투입했다. 그 뒤에 말을 잘 타는 선기대(善騎隊) 장병들이 따르고, 포졸 두 사람, 그리고 각종 깃발부대와 악대가 따른다. 행렬의 뒤에는 장용영의 책임자인 장용대장 서유대(徐有大, 1731~1802)가 인마와 갑마를 내세우고 장교와 아병, 종사관,

초관을 거느리고 간다.

중사(中司)의 파총(把摠), 초관, 초병들이 앞장서고, 그 뒤에 내시, 열쇠를 담당하는 사략, 병을 치료하는 내의원 의관, 도승지를 비롯한 승정원의 예문관, 규장각 신하, 장용영, 경연관 등의 신하들이 뒤따른다. 그 뒤에는 50명의 금군과 표기(標旗)를 앞세운 별무사, 병조판서 심환지, 그리고 동반과 서반의 신하들이 칼을 차고 따른다. 행렬의 맨 마지막에는 가마 뒤를 지키는 25명의 난후금군(攔後禁軍)이 앞장서고, 좌사(左司)의 초관, 초군, 파총들이 활이나 총을 메고 간다.

정조가 사도세자의 능을 화성으로 옮긴 후, 화성행차는 총 13회 진행되었다고 한다. 정조는 말을 타고 가거나 걷기도 했으며, 행차 때 백성들이 징을 치거나 소리를 질러 왕에게 억울한 사연을 직접 말하기도 했다. 정도는 능행 시 백성들의 탄원을 3,300여 건 처리했다고 한다. 단순히 사도세자의 능만 행차한 게 아니라 백성과의 대화를 위해서도 길을 나선 것임을 알 수 있다.

한편 2016년 수원화성 축성 220주년을 맞이하여 개최된 제53회 수원화성문화제의 최대 하이라이트였던 '정조대왕 능행차 공동재현'이 거행되었다.

출처: 수원문화재단.

2024년 정조대왕 능행차 장면

전태일기념관과 전태일의 길

전태일기념관(全泰壹記念館)은 전태일기념사업회에서 주관 · 운영하는 노동운동가 전태일의 생애와 업적을 전시하는 기념관이다. 2019년 4월 30일에 개관했으며 서울특별시 종로구 청계천로에 있다.

전태일기념관

전태일 열사는 1970년 박정희 정부 시절에 근로기준법 준수를 외치며 분신 시위를 하다가 향년 22세로 세상을 떠난 노동운동가로 당시 청계천 평화시장에서 재봉사로 일하며 노동자들의 혹사와 차별 등을 고발하고 노동자들의 인권 보호와 처우개선 등을 요구했다.

1981년에 전태일기념관건립추진위원회가 발족하면서 기념관 건립 사업이 추진되었고, 2019년 4월 30일에 정식 개관했다. 건물은 기존에 청계천 앞에 있던 건물을 리모델링했으며 건물 벽면에는 전태일이 1969년 정부 앞으로 보낸 서면의 내용을 입체적으로 표현했다. 건물 아래에는 전태일 조형상이 있다.

전태일기념관 내부 전시자료

주요 전시 내용은 가난한 삶과 서울에서의 첫 직업, 고된 출퇴근길과 야간 통행금지 적발, 노동자들의 인권 호소와 바보회 · 삼동회 결성, 언론을 통해서 세상에 알려진 노동자들의 실태, 정부에 호소하는 노동자들의 인권 실태, 태일피복 설립 계획과 노동자들의 인권 보호, 근로기준법 보장과 분신 시위, 어머니 이소선 여사에게 남긴 유언 그리고 계승, 노동자의 어머니 이소선 여사, 전태일 사후의 노동운동, 전태일과 한국 현대사를 소재로 한 도서 전시, 이소선 여사 표창장과 훈장 전시 등이다. 그리고 전태일기념관의 홈페이지에는 다음과 같은 기념관 설립 목적을 소개하고 있다.

> 노동 중심, 노동 존중 도시 서울시에 상징적 중심이 필요했습니다. 아니 중심은 있었습니다. 전태일입니다. 전태일을 제자리에 세우는 일이었습니다. 전태일은 정신이요, 몸이며 집입니다. 서울시는 청년 전태일이 활동했고 분신 항거로 새로운 시대를 열었던 청계천에 아름다운 청년 전태일기념관을 세웁니다. 전태일을 따르며 전태일처럼 살기로 하는 모든 분의 염원이었습니다. 1981년 전태일기념관건립추진위원회가 발족하여 전태일 평전을 펴내면서 오늘에 이르도록 꿈을 키워왔습니다. 많은 어려움이 있었지만, 함께 꾼 꿈이었기에 현실이 됐습니다. 이제 아름다운 청년 노동자 전태일이 다시 살아오고 있습니다. 그의 사랑과 연대 그리고 행동이 부활하고 있습니다. 전국에서 처음으로 세워지는 전태일이 살아 숨을 쉬는 전태일기념관은 유니온시티 서울의 상징이자 중심이 될 것입니다. 많은 학생들과 노동자들의 노동인권 교육의 장이 될 것입니다. 우리 시민 모두가 노동의 가치를 깨닫고 노동의 의미를 이해하고 배우는 문화의 전당이 될 것입니다(전태일기념관 홈페이지).

전태일 열사 51주기를 맞이해 전태일다리(버들다리)부터 전태일기념관까지 청계천 변을 따라 동판으로 이어지는 '노동인권의 길'이 조성됐다. 이 길은 2019년 기념관이 문을 연 다음부터 전태일 50주기 기념사업으로 추진돼 개인 · 시민사회단체 · 노동조합 등이 쓴 문구를 담아 만들어진 총 8,131개의 동판이 전태일 35주기에 새겼던 동판길과 이어져 약 1.8km에 달한다. 전태일기념관은 참가자들이 삼일교에서 세운교까지 행진하기 전 "노동인권의 길의 마스코트인 달팽이처럼 느리지만 늦지 않게 노동인권이 존중받는 세상, 모든 인간이 평등한 세상을 향해 걸어가겠다"라며 행진의 의의를 설명하기도 했다.

수표교 이야기: 연날리기

삼일교를 지나면 수표교(水標橋)가 나타난다. 1420년(세종 2)에 처음 놓였으며, 서울특별시 종로구 수표동에 있었으나 1958년 청계천 복개공사로 1959년 장충단공원으로 옮겨졌다. 수표교는 판교(板橋) 형식의 돌다리로, 6각으로 된 큰 다리 기둥에 모진 도리를 얹고 그 사이에 판석을 깔아 만들었다. 아래 돌기둥은 2단으로, 그중 윗단의 돌은 모서리를 물의 흐름과 마주하여 물의 저항을 덜 받는다. 난간에는 연꽃 봉오리, 연잎 등을 새겼다. 1441년(세종 23) 다리 앞에 개천에 흐르는 수위를 측정하기 위해서 수표(水標, 보물 제838호)를 세웠다.

수표교

수표는 하천 수위를 과학적, 계량적으로 측정할 수 있는 기구로 측우기와 함께 세종 때 만들어진 대표적인 과학 기기의 하나다. 2005년 청계천 복원 당시, 원래 자리에 다시 놓으려고 했으나, 복원된 청계천의 폭과 수표교의 길이가 맞지 않아 옮기지는 못했다. 2005년 9월 30일 임시로 종로구 관수동 105번지와 중구 수표동 54번지 사이 청계천에 다리를 가설하고 수표교라고 부르고 있다. 이 다리는 폭 8m, 길이 23.3m다(서울역사편찬원, 2009).

장충단공원으로 이전된 원래의 수표교 모습

수표는 청계천의 마전교 서쪽과 한강 변에 세워졌는데, 처음에는 물속에 돌을 놓고 그 위에 구멍을 파서 나무로 만든 기둥을 세웠다. 나무 기둥에는 눈금을 새겨 수위를 알아볼 수 있도록 했다. 그러나 나무로 만든 수표는 쉽게 망가져 15세기 성종 때 돌기둥으로 교체했다. 돌기둥 양면에는 1척에서 10척까지 눈금을 새겼으며, 다시 3 · 6 · 9척에는 ㅇ표를 파서 각각 갈수(渴水) · 평수(平水) · 대수(大水)를 헤아리는 표지로 삼았다. 즉 6척 안팎의 물이 흐르면 보통의 수위였으며, 9척 이상이 되면 위험 수위로 개천의 범람을 미리 헤아릴 수 있도록 한 것이다. 수표 받침돌에는 1869년 개천을 준설할 때 새긴 "기사대준(己巳大濬)"이 있었는데, 이전 과정에서 소실되었다고 한다(서울역사박물관, 2019).

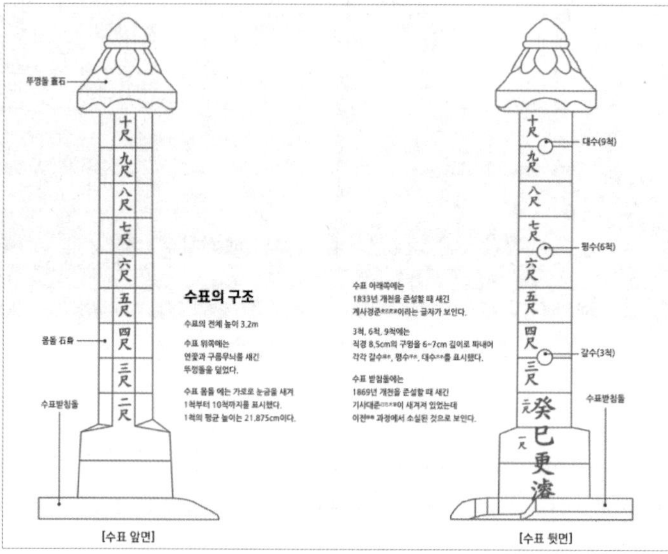

출처: 서울역사박물관(2019).

수표의 구조

개천은 건천(乾川)으로 평상시에는 물이 조금밖에 흐르지 않았으나 도성 안에서 흐르는 모든 지천의 물이 개천으로 몰려들었기 때문에 비가 조금만 와도 물이 범람할 정도로 유량의 변화가 매우 심했다. 수표에 표시된 1척은 대략 20.3cm 정도이고 9척은 183cm 정도인데, 비가 올 때 개천물이 이 정도까지 차오르는 것은 순식간이었다. 오죽하면 조선 후기 문신인 강준흠(姜浚欽, 1768~1833)은 그의 시 「수표교」에서 "남산 북산에 동이를 엎듯이 비 내려 모든 물이 수문 하나로 다투어 몰려드네. 모래 몰고 돌 굴리며 거침없이 흐르면 양쪽 기슭의 인간들 절반은 잠겼다네"라고 남길 정도였다(홍의호 · 강세륜 · 강준흠, 2024).

수표교 옆에 수표가 설치된 이후 수표교는 개천의 수위를 측정하는 기준이 되었으며, 담당 관청에서 정기적으로 개천의 수위를 측정해 임금께 보고하도록 했다. 수표는 성종 때 돌기둥으로 교체된 이후 1760년(경진년) 개천을 준설할 때 보수했으며, 순조 때 개천을 준설할 때 새로 만들어 세웠다. 지금 남아 있는 수표는 바로 이때 만들어진 것이다.

이 외에도 수표는 여러 번 보수되었다. 다리 한쪽 귀틀석에 "무자금영개조(戊子禁營改造)", "정해개조(丁亥改造)"라고 새겨져 있는데, 정확하게 언제인지는 알 수 없으나 무자년과 정해년에 각각 다리를 보수했다는 내용이다. 또한 당초 수표교에는 난간이 없었던 것으로 보인다. 수표교의 옛 모습을 담은 사진을 보면 1890년경에는 다리 위에 돌난간이 없었다가 1890년대 중반 이후부터 지금과 같은 돌난간의 모습이 보이기 시작한다.

아마도 도성의 인구가 늘어남에 따라 수표교를 건너는 사람도 늘어나면서 사람이 떨어지는 사고가 자주 발생하자 다리에 난간을 추가로 설치한 것으로 추정한다. 수표교는 광통교와 함께 청계천에 있던 가장 유명한 다리로 다리밟기, 연날리기 등이 행해지던 대표적인 민속놀이 공간이었으며, 사람의 통행이 잦았던 만큼 재미있는 이야기도 많이 전해진다.

유득공(柳得恭, 1748~1807)의 『경도잡지(京都雜誌)』를 보면, 매년 정월 보름 전 2~3일은 수표교를 중심으로 청계천 아래위에 연날리기를 구경하는 사람이 쭉 늘어섰다. 연 날리는 아이들이 감긴 실이 풀리기를 기다리고, 실이 끊어져서 날아가는 연을 따라서 담을 넘고 지붕에 올라가서 사람들이 염려한다. 보름을 지낸 뒤에는 다시는 연날리기를 하지 않는다(도경재, 2020).

우리나라에서 연날리기가 널리 대중에게 보급되었을 때는 조선시대 영조 무렵부터라고 한다. 영조는 연날리기를 좋아하여 자주 구경을 나갔다. 대체로 매년 12월 하순이면 여기저기서 연을 날리기 시작했으나, 정월 보름 며칠 전이면 절정에 달했다. 서울의 경우 매년 정월 보름 전 하루 이틀은 광통교와 수표교 등 청계천 변에는 연날리기하는 사람과 이를 구경하는 사람들로 가득 찼으며, 갖가지 연들이 날아올라 하늘을 가득 메웠다고 한다. 청계천 다리 위가 연날리기 장소로 적합한 데에는 이유가 있었다.

무엇보다도 하천 바닥이 동서로 뚫려 있어서 바람이 잘 통했다. 지금은 고층빌딩이 많이 들어서서 바람이 잘 통하지 않지만, 사실 청계천은 물이 흐르는 물길이었을 뿐만 아니라 바람이 드나드는 바람길이기도 했다. 따라서 청계천에 놓인 다리 위에서 연을 날리면 자연스럽게 동풍이나 서풍을 이용하여 연을 하늘 높이 날릴 수 있었다.

연날리기는 다른 우리의 전통 민속놀이와 마찬가지로 현대 문명에 밀려 점차 사라져갔다. 청계천 역시 주변에 높은 건물들이 들어서면서 더 이상 연날리기 장소로서 적절하지 못하게 된 데다가 하천이 복개되어 바람길이 막히고, 다리가 사라지면서 연날리기도 함께 사라졌다(서울역사박물관, 2019).

수표교와 수표는 청계천이 복개되기 직전까지 비교적 완벽하게 남아 있었다. 1958년 청계천 복개공사가 시작되면서 1959년 장충단공원으로 옮겨졌으며, 이후 수표는 동대문구 청량리동에 있는 세종대왕기념관으로 이전되었다.

수표교는 광통교와 함께 풍부한 스토리가 담긴 다리로 1973년 6월 18일 서울특별시 유형 문화유산으로 지정되었다. 길이 27.5m, 너비 7.5m, 높이 4m로 서울특별시 중구 장충동 장충단공원에 놓여 있다. 6모로 된 큰 다리 기둥에 길게 모진 도리[桁]를 얹고 그 사이에 판석(板石)을 깔아 만들었다. 청계천에 흐르는 수량을 측정하는 다리로

수표교에서 바라본 청계천과 주변 빌딩들

다리 돌기둥에 "경진지평(庚辰地平)"이라고 새겨 물의 깊이를 측정했다. 영조 때는 다리 동쪽에 준천사(濬川司)란 관청을 두어 수량의 변화를 한성판윤에게 보고하게 했다.

18세기경 수표교 일대는 명실상부한 한양의 번화가였다. 당대의 지성으로 유명했던 박지원, 박제가, 유득공, 이덕무, 이서구, 백동수 등의 지식인들이 모여 살았던 곳으로, 그들은 교분을 맺고 학문과 문예를 논했으며 실학의 꽃을 피운 백탑파(白塔派)를 탄생시켰다. 백탑

파는 박지원을 좌장(座長)이자 정신적 지주로 한 지식인 모임이다.

이름의 유래는 지금의 종로 2가 탑골공원에 모여 살았기 때문이라고 하고, 청나라의 선진 문명과 제도를 배워 조선을 부국강병하게 하자는 주장을 펴 '북학파(北學派)'라고도 불렸다. 이들은 함께 차를 마시거나 술잔을 기울이며 한양 곳곳의 풍경을 모사하는 시를 지었는데, 간간이 수표교가 등장하는 작품들로 풍류의 흔적을 남겼다. 이들의 뒤를 이어 장승업(張承業, 1843~1897)과 같은 걸출한 화원도 수표교 인근에 거주하며 활동했다(서울역사박물관, 2019).

한편 1882년 임오군란(壬午軍亂)을 계기로 청 정부에서 군사들과 함께 군역상인(軍役商人)을 보내면서 조선의 주요 도시에 청나라인들이 거주하기 시작했다. 이것은 외국인 상인의 상시 거주가 허용된 첫 사례다. 1882년 8월 조청상민수륙무역장정(朝淸商民水陸貿易章程)을 바탕으로 청 상인은 한양의 도성 내부에 토지와 가옥을 소유할 수 있는 권리를 부여받았다. 하지만 조선 상인들과 마찰이 잦아지자 수표교 주변을 청국인 거류 구역으로 지정했다. 중국 상인의 우두머리 격인 동순태(同順泰)는 수표교 남쪽에 자리 잡았고, 뒤이어 그 주변이 중국인 상가로 변했다.

서울로 들어오는 중국인의 수가 늘어남에 따라 중국인 거류지는 계속 늘어나 소공동과 서소문에도 중국인 상가가 형성되었다(전우용 외 6인, 2012). 가수 김정구가 부른 '왕서방 연서'를 보면 "비단이 장사

왕서방 명월이한테 반해서 비단이 팔아 모은 돈 툭툭 털어서 다줬어 띵호와 띵호와"라는 가사가 나오는데, 이곳과 관계가 있는 것으로 전해진다.

1884년에는 영국과 조영조약(祖英條約)을 체결하면서 청상(淸商)과 일상(日商), 그리고 구미인 선교사와 상인들도 도성 안으로 속속 들어왔다(전우용, 2001). 1900년이 되자 중국인 상점이 더욱 많아지면서, 1921년에는 동업조합인 중화요리음식조합(中華料理飮食組合)도 결성되었다.

영희전과 숙종과 장희빈의 만남

수표교에는 숙종과 장희빈의 만남에 관한 이야기가 전해진다. 조선시대 수표교는 남부 훈도방(薰陶坊)에 있는 영희전(永禧殿, 현재 중구경찰서 자리)으로 가는 통로이기도 했다. 영희전은 원래는 세조의 딸인 의숙공주의 집이었는데 1610년(광해 2)에 광해군의 어머니인 공빈(恭嬪) 김씨의 묘사(廟祀)가 되어 봉자전(奉慈殿)이라 부르다가 숙종 이후로 영희전이라 했다(김영상, 1989). 조선시대 태조, 세조, 원종, 숙종, 영조, 순조의 영정을 봉안했던 곳으로 설, 한식, 단오, 추석, 동지, 섣달그믐날 등 명절이 되면 임금이 이곳을 전배(展拜)했다. 따라서 명절 때 임금의 어가행렬이 이 다리를 지날 때면 다리 주위에 구경꾼들이 발 디딜 틈 없이 장관을 이루었다.

출처: 한국민족문화대백과사전.

영희전 전경

조선시대에 임금의 초상화인 어진(御眞)을 봉안하는 진전(眞殿) 제도는 크게 태조의 어진을 보관하는 각처의 태조 진전과 태조 이하 역대 국왕과 왕후의 어진을 보관하는 서울의 선원전(璿源殿)으로 나누어 마련했다. 태조 진전은 모두 6곳을 건립했는데 서울의 문소전(文昭殿), 영흥 준원전(濬源殿), 평양 영숭전(永崇殿), 개성 목청전(穆淸殿),

경주 집경전(集慶殿), 전주 경기전(慶基殿) 등이 그것이다. 임진왜란 때 서울이 함락되고, 경복궁이 불타면서 선원전의 어진은 모두 소실되었다. 외방의 태조 진전 또한 다수 파괴되고 준원전과 경기전의 어진만 무사히 보전되었다. 도성 안의 태조 진전은 재건되지 못하고, 전란 후에도 보전된 세조와 원종 어진을 남별전(南別殿)에 봉안해 두고 있었다. 숙종 때 전주 경기전의 태조 어진을 옮겨 그려 남별전에 봉안하여 도성 내에 태조 진전을 복구했는데, 이곳이 영희전이다.

어느 날 숙종이 영희전을 전배하고 돌아오는 길에 수표교를 건너다가 부근 여염집에서 문밖으로 왕의 행차를 지켜보던 아리따운 아가씨를 보고 마음에 들어 궁궐로 불러들였는데, 그가 바로 장희빈이었다고 한다. 희빈 장씨는 1659년 9월 19일 역관 출신인 아버지 장형(張炯)과 장형의 두 번째 부인인 윤씨 사이에서 태어났으며, 본관은 인동(仁同), 본명은 옥정(玉貞)이다. 『숙종실록』에는 장희빈을 두고 "파유용색(頗有容色)"이라고 했는데, '얼굴이 자못 아름답다'는 말이다. 이로 미루어 볼 때 장옥정의 미모가 예사롭지 않았음을 알 수 있다.

『숙종실록』에서 장옥정이 머리를 땋아 올릴 때쯤 궁궐에 들어왔다고 하는 것을 보면, 당시의 관례대로 열 살 정도의 어린 나이에 아버지 장형이 죽고 나서 생계가 막연하여 궁녀가 되었을 것으로 추측된다. 그녀가 숙종의 승은을 입은 것은 1680년 10월 26일, 숙종의 첫 번째 왕비인 인경왕후가 사망한 이후이므로 그녀의 나이가 스무 살을 넘겼을 때이다. 장희빈의 묘(大嬪墓)는 1960년대 도시화 개발로 여러 번 옮겨 다니다가 현재 서오릉 경내로 옮겨졌으며, 그녀의 사당은 청와대 경내에 있는 칠궁의 하나인 대빈궁(大嬪宮)이다. 역사는 되돌릴 수 없지만, 숙종과 장옥정의 만남이 없었더라면 왕과 신하, 그리고 신료 간의 정쟁도 없었을 것이다.

출처: KBS.

KBS 대하드라마 장희빈(2002)의 홍보사진

수표교와 관련하여 서양인이 한국을 소재로 그린 가장 오래된 그림으로 「고종의 행렬」이 있다(송인호, 2001). 수표교를 건너 영희전을 가던 왕의 행렬을 그린 그림이 프랑스 신문 『르주르날』의 화보집 '일루스트레'에 게재된 적이 있다(1894.9.2.). 가로 41cm, 세로 21.5cm 크기의 종이에 펜으로 드로잉된 이 그림은 1876년 전후 한국을 여행한 프랑스 화가 펠릭스 르가메(1844~1907)가 그린 것으로, 지금까지 한국을 소재로 한 최초의 서양화로 알려진 휴버트 보스의 고종 초상화(1896년경)보다 20년 정도 앞서 그려진 것으로 알려졌다.

펠릭스 르가메의 고종의 행렬

두 번 장가간 이안눌 이야기

수표교에 얽힌 재미난 이야기가 또 있다. 조선 선조와 인조 시기 관료이자 시인이었던 동악(東岳) 이안눌(李安訥, 1551~1637)이 청계천 수표교에서 정월 대보름 다리밟기에 열중하다가 본의 아니게 또 한 명의 여인을 아내로 맞이하게 됐다는 이야기이다. 이안눌은 4,379수의 시를 남긴 대시인이자 청렴한 관료였다. 그는 1571년(선조 4)에 태어나 18세에 진사시에 수석으로 합격했으며, 28세에 되던 해 문과에 급제했다. 그가 두 명의 아내와 살게 된 사연은 다음과 같다.

이안눌이 장가를 든 지 사흘, 바로 얼마 되지 않았을 때다. 그날 밤 신랑 옷을 입고 청계천 수표교에 나간 이안눌은 기분이 도도해져 술집을 돌아다니며 많은 술을 마셨다. 그는 취기가 들자 어디서 좀 쉬자는 생각이 들어 다리 밑에서 잠깐 잠을 청했다. 한참 후 기지개를 켜면서 일어난 안눌은 자기가 다른 집 신부의 방에서 밤을 보낸 것임을 알게 됐다. 정신을 차리고 보니 웃통도 벗고 바지도 벗고 낯선 여인과 자고 있었다. 밤새 잔 여자가 남의 여자였으니 무척 난감하였다.

출처: 한국민족문화대백과사전.

동악 이안눌 초상

이안눌은 놀라 잠자던 그 여인을 흔들어 깨웠다. 그런데 이 신부도 시집온 지 사흘밖에 되지 않았다. 부끄러워서 신랑하고 첫날밤도 변변히 치르지 못하였는데, 그날 밤 그 집 신랑도 다리밟기 구경을 가서 밤새 돌아오지 않으니, 하인이 새신랑을 찾아 나서고 신랑 복색을 한 신랑이 수표교 다리 옆에서 자고 있으니까 업고 와서 신방에 넣었다. 눈이 빠지게 기다리던 신부는 신랑이 무사히 돌아온 것만 해도 감사해 따뜻한 아랫목에 눕혔다. 진정한 첫날밤이었다. 이안눌은 무릎을 꿇고 남의 신부에게 빌었다. 의관을 챙겨 들고 일어나 가려는데 신부가 바짓가랑이를 잡는 것이었다. 그러면서 신부는 여자로 태어나서 이런 일이 생기고 보니 마땅히 죽어야 한다며, 자기를 죽이고 가든가, 스스로 죽는 꼴을 보시고 가라고 하였다.

그리하여 필동에 혼자 사는 이모가 있으니 우선 그곳에서 머물기로 하였다. 이리하여 안눌은 서둘러 신부와 같이 그 집을 몰래 빠져나와서 그 길로 이모 댁에 찾아가서 사정을 이야기하고 과거에 합격하기까지는 서로 만나지 않기로 약조하였다. 한편 이튿날 아침 신부집에서는 난리가 났다. 그래서 자초지종을 알아보니 하인이 다리밟기에서 엉뚱한 신랑을 진짜 신랑으로 알고 신방에 집어넣은 결과였다. 하는 수 없이 신부집은 새 신부가 갑자기 죽은 것으로 위장하고 장례까지 치렀다.

그런 중에 3년의 세월이 흘렀다. 이안눌은 스물여덟 살 때 과거에 급제하였다. 출세도 출세지만 이제 그 소실을 만날 수가 있어서 좋았다. 이날 이때까지 안눌은 그 소실 이야기를 아무 누구에게도 말하지 않았다. 과거에 합격하고 난 안눌은 몇 해 전 우연히, 정말 이상스럽게 하룻저녁 꿈속같이 연분을 맺은 그 소실을 드디어 만나게 되었다.

안눌은 말할 수 없이 기쁘면서도 앞으로 해결할 일이 두려웠다. 지혜로운 안눌은 문제들을 하나씩 해결하였다. 아버지도 용서하고 어머니도 받아들이고 본처도 양해하고, 처부모도 수용하였다. 원래 소실 집은 대대로 역관(譯官)을 해온 집안으로 장안에서도 잘 알려진 부자 집안이었다. 이 소실 또한 본처 못지않게 천성이 어질고 부지런하였다. 본처와 소실은 시앗 싸움이라고 해서 싸우게 마련인데 이안눌 집안은 형님 먼저 아우 먼저 하면서 잘 지냈다. 남자로서 이보다 더 좋은 일이 어디 있을까? 두 계집 데리고 사는 남자치고 속이 시커멓게 타지 않은 사람이 없다는 속담도 있는데 말이다(이경재, 2002).

수표교와 정수동 이야기

조선 말기 철종 때 『하원시초(夏園詩鈔)』를 쓴 정수동(鄭壽銅, 1808~1858)이라는 시객(詩客)이 있었다. 그는 중인 출신이었으며, 당대의 최고 지배층과 교분을 나눌 정도로 학문이 높고 지체도 상당했지만, 이들과 영합하지 않고 비판하며 관직에도 오르지 않았다. 그는 서울 장안의 기인으로 술과 관련된 많은 일화가 있다(이경재, 2002).

어느 날 밤, 정수동은 동대문 밖에서 술을 얻어먹고 많이 취하여 수표교까지 무사히 왔다. 그런데 야경꾼한테 들켰다. 야경꾼이 "누구요?"라고 묻자, 정수동은 급히 두 팔을 벌리고 "빨래요"라고 했다. 그러면서 "나는 옷이 한 벌밖에 없어서 입은 채로 빨았는데 아직 덜 말라서 이러고 서 있는 것이오"라고 능청 떨며 대답해 넘어갔다는 이야기가 있다.

그는 어려서부터 재주가 비상하여 추사 김정희(金正喜)가 자신이 간직하고 있는 모든 책을 주고 읽게 했는데, 그것은 다 읽어치우고는 그만 어디론가 자취를 감추고 나타나지 않았다고 한다. 또 안동 김씨 세도가인 김흥근(金興根, 1796~1870)이 정수동의 재주를 아껴 술상을 차려주고 자신이 외출한 뒤에도 그가 사랑에 머물게 하려고 그의 의관을 감추었는데, 나중에 돌아와 보니 이미 어디론가 사라졌다고 한다. 아랫사람을 시켜 수소문했더니 정수동이 한 술집에서 술에 취해 벌렁 누워 있었는데, 대감의 도포를 입고 홍대를 두르고 머리에는 상제가 쓰는 방갓을 쓰고 있더라는 것이다.

어느 해 섣달그믐 때 김흥근 대감이 하인을 시켜 정수동에게 술 몇 말과 고기 등 세찬을 보냈는데, 정수동의 집 가까이에 있는 청계천 수표교 위에서 하인과 정수동이 딱 마주쳤다고 한다. 정수동은 하인에게 세찬을 수표교 위에 내려놓고 동네에서 큰 술잔을 얻어오라고 하고는 술을 따라 마시기 시작했다. 하인이 이를 말리자 정수동은 되레 큰 소리로 "이것은 대감이 내게 보낸 것이니 이제 내 것이다. 내 맘대로 하겠다는데 네가 무슨 잔소리야! 부정한 데서 나온 것은 술로 씻어야 한다"라고 하면서 하인과 술을 다 마셔버렸다. 양반사회의 부정부패를 풍자한 것이다.

또 한번은 정수동이 술집에 들러 술을 마시는데, 그 술이 담근 지 오래되어 어찌나 시던지 식초나 다름없었다. 그런데 그때는 시다는 말을 못 하게 되어 있어서 정수동은 한 잔만 마시고 일어나면서 두 잔 값을 냈다. 그래서 주인이 이상하게 생각하고 술을 한 잔만 마셨는데 어째서 두 잔 값을 내느냐고 물으니, 그의 대답이 걸작이었다. "한 잔 값은 술값이고 나머지는 식초값"이라며 주인을 무안하게 했다.

관수교와 석전놀이

관수교

관수교는 종로구 관수동 129번지와 중구 수표동 122번지 사이 청계천에 있는 다리이다. 다리 이름은 인근의 동명인 '관수동'에서 유래했다는 설과 조선시대에 이곳에 청계천 준설 사업을 위한 준천사를 설치하고 청계천의 수위(水)를 관측(觀)했기 때문이라는 설이 있다. 1918년 일제가 지금의 청계 3가 사거리에 다리를 놓고 관수교라고 했다. 1958년 청계천 복개로 다리가 없어졌다가 2005년 9월 30일 청계천을 복원하면서 전통 한옥의 대청 양식을 도입한 아치교 형태로 새로 건설했다. 폭 25.5m, 길이 22.5m로 준공되었다.

관수교의 건립 배경에는 슬픈 역사가 담겨 있다. 일제는 현재의 남산 예장동 일대를 일본인들의 전용공간으로 만들면서 통감부와 통감 관저, 그리고 한반도에 주둔한 일본군 부대를 총지휘하던 일본군 주차군(駐箚軍) 사령부 등을 세웠다. 이른바 왜성대(倭城臺)다. 왜성대는 현재 서울특별시 중구 예장동 · 회현동1가에 걸쳐 있던 지역으로 임진왜란 때 왜군이 주둔한 데서 이름이 유래했다. 왜성대에서 순종 황제가 머물던 창덕궁에 가려면 종로를 거쳐 남대문로를 통해 빙 돌아가야 했다. 그래서 일제는 자신들이 편하게 오갈 수 있게 왜성대와 창덕궁을 직선으로 연결하는 길을 뚫었고, 그 사이에 청계천을 통과하는 다리로 놓은 것이 바로 관수교였다. 즉, 관수교는 일제가 자신들의 편의를 위해 세운 다리였다.

조선시대 관수교에서는 석전놀이가 성행했다고 전해진다. 조선 후기 홍석모(洪錫謨, 1781~1850)가 지은 『동국세시기』에 의하면, 서울에서 석전은 성 밖의 만리현(萬里峴, 지금의 중구 만리동)에서 주로 행해졌는데, 성안의 아이들도 이를 모방하여 종루 부근과 개천 변의 비파정(琵琶亭), 즉 지금의 종로구 관수동 부근에서 편싸움을 했다고 한다. 편싸움이 편을 갈라 돌을 던지며 싸운다는 점에서 개천은 자연스럽게 남북 양편을 갈라놓는 경계가 되었다. 한편 싸움이 심할 때는 소리가 지축을 흔들고 서로 공격하여 이마가 터지고 팔이 부러지는 등 피를 보고서도 그치지 않았다. 따라서 관아에서는 이런 싸움을 못 하도록 했으나 완전히 고쳐지지 않았다고 한다.

배다리 이야기

개천이라고 불렀던 청계천은 내사산에 내린 비의 양에 따라 그 수위도 급변했다. 북악과 인왕산 남쪽 골짜기의 물, 남산 북쪽 자락의 물들이 모두 합류하는 청계천은 조금만 비가 와도 금방 그 몸집이 불었다. 청계천의 물이 갑자기 불면 다리가 없는 곳에서는 임시로 배다리를 띄우곤 했다.

옛날 한양에는 '배다리(舟橋)'라는 마을이 여러 곳 있었는데, 이런 마을들 앞에는 대개 배다리가 놓여 있었다. 배다리란 배를 길게 다리처럼 이어 내를 건널 수 있게 만든 다리로, 이런 다리는 물이 불어날 때 일시적으로 놓였다가 철거되는 일이 많았다.

> 배다리는 배를 일정 간격으로 늘어놓고 그 위에 판재를 건너질러 만드는 부교(浮橋)의 일종이다. 조선 정조대왕은 화성에 사도세자의 무덤을 옮겨 놓고 자주 능행을 다녔다. 이를 위해서 한강을 건너야 했고 그때마다 배다리를 설치했다. 왕은 배를 타고 물을 건너지 않기 때문에 주변의 배를 모아 임시다리를 만든 것이 배다리인데, 임시로 설치한다고 해서 대충 만들지는 않는다. 배에 귀틀을 건너지르고 그 사이에 철판을 깔아 우물마루 깔듯이 상판을 만들었다. 또 난간을 설치하고 단청까지 하여 고정된 목교 못지않은 격식이 있다(김왕직, 2007).

청계천의 배다리 중 유명한 곳으로는 지금의 중구 삼각동 근처, 청계 4가쯤이다. 이곳에서는 처음엔 내를 가로질러 배를 엎어 놓고 통행했으나, 나중에는 나무를 적당히 놓아 다리 형태를 만들어 놓고는 했다. 나무를 놓은 후에도 '배다리'라고 불렀다. 청계천 상류 일대는 주로 양반들이 많이 살았기에 조선 초부터 다른 곳에 비해 다리를 많이 놓았고, 다른 다리에 비해 튼튼하게 만들었다.

근처 사람들은 이곳을 대개 '배다릿개'라고 했고, 근처의 마을 이름까지 아울러 '배다리'라는 이름으로 통했다. 배다리를 한자로 '주교(舟橋洞)'라고 하는데, 현재 서울 중구의 주교동은 이 배다리에서 유래한 것이다.

임진왜란 때 숭례문의 현판이 사라진 사건이 있었다. 그런데 장안의 배다리 밑에서 서광이 비쳐 자세히 살펴보니, 없어졌던 숭례문의 현판이 바로 거기 있었다는 얘기가 있다. 그런데 이 배다리란 이름은 서울의 여러 군데에서 볼 수 있다. 중구 동자동과 용산구 서계동도 배다릿골이라고 해서 한자로는 똑같이 '주교동(舟橋洞)'이라고 쓰니 어느 주교동이 원조인지 확인하기는 어렵다. 역시 주교동은 청계 4가의 북쪽 동네를 꼽아야 할 것이다. 이곳은 조선왕조 22대 왕인 정조가 수원에 있는 부왕의 장릉에 참배하기 위해 한강에 배다리를 놓기 위한 '주교사'를 설치했던 데서 비롯된 이름이라고 할 수 있다(이경재, 2002).

근처에는 이 배다리 외에도 소경이 많이 왕래했던 '소경다리(효경교, 새경다리)', 염초청을 근처에 두고 있던 '염초청 다리' 등이 있었으나, 이 배다리만큼 알려진 다리는 아니었다. 이곳에서 조금 더 동쪽으로 내려간, 지금의 청계 5가 근처 오장동에도 배다리가 있었는데, 이것 역시 배가 아닌 통나무 같은 것을 적당히 얽어 건너다니던 다리였다(배우리, 2018).

| 3부 |

청계 활력길

1 세운교에서 오간수교까지

세운교와 세운상가

청계 활력길은 한마디로 전태일을 중심으로 시작된다. 청계활력길은 세운상가부터 무학교까지 해당한다. 청계 활력길의 첫 다리인 세운교는 2003년 7월부터 시작된 청계천 복원사업에 따라 세운 다리 가운데 하나다. 폭 25.5m, 길이 23.4m로 청계천이 복원되면서 2005년 9월 30일에 준공되었다. 세운교 위로는 다시세운광장부터 퇴계로까지 근대 산업화의 상징인 세운상가가 남북으로 자리잡고 있다.

교각 위에는 청계시소가 설치되어 있었다. 청계시소는 다시세운시민협의회에서 진행한 프로젝트로 청계천~을지로 일대의 제작 기술을 활용하여 만든 참여형 설치물로, 탑승자가 직접 올라타서 청계천 일대를 조망해 볼 수 있는 1인용 관람대였다. 그러나 수년 동안 포장으로 덮여 흉물처럼 세운교의 미관을 해쳐, 현재는 철거된 상태다.

세운교 자리는 조선시대 효경교(孝經橋)가 있던 자리다. 이 근처에 소경이 많이 살았다고 하여 맹교(盲橋), 소경다리라고도 했는데, 세운상가 옆 아세아전자상가 동쪽에 있었던 것으로 추정된다. 일제강점기에 콘크리트 다리로 개축되었는지, 청계천 복개 때 없어진 것인지는 정확히 알려지지 않았다. 세운교는 효경교를 대신해 세워진 다리로 시민들의 의견을 반영해 이름을 정했다. 세운상가에 조명 가게가 많아 이를 특성화하여 다리에 조명을 설치해 빛을 표현했다.

1970년대나 1980년대에 강북 도심을 항공사진으로 둘러보면 남북 방향으로 길게 이어진 건물이 있다. 일명 세운상가 건물군이다. 종묘 앞 종로부터 남산자락 필동까지 일직선으로 이어진 건물들을 말한다. 본래 태평양 전쟁 종전 직전에 일제는 미군의 공습에 대비한다는 명목으로 종묘 앞에서 남산 기슭, 현재의 진양 신성상가에 이르는 구간의 집들을 철거하고 공터로 만들었다. 이른바 '소개공지대(疏開空地帶)'라는 것이다. 이후 해방과 6.25 전쟁을 겪으면서 이 빈터에 수많은 판잣집이 들어서서 속칭 종심(縱深, 세로로 길게 늘어선 형태)이라 불렀던 서울의 대표적인 슬럼가였다.

효경교(맹인다리) 터 동판

서울 강북 도심의 주요 도로는 동서 방향으로 흐른다. 북쪽에서부터 율곡로, 종로, 청계로, 을지로, 퇴계로가 다 그렇다. 강북 도심도 이런 흐름에 맞춰 형성되었다. 그런데 세운상가 건물군은 남북 방향으로 약 1km가 이이져 동서 흐름을 막아선 듯한 모습이다. 그리하여 서울 도심은 사분된 모습을 보이게 되었다. 위에서 내려다보면 도심을 가로막는 장벽처럼 보일 정도이다.

출처: 서울역사아카이브.

2010년 세운상가 건물군 일대 전경

서울시가 계획한 세운상가 건물군은 건축가 김수근의 설계안을 바탕으로 1966년 착공해서 1968년에 완공되었다. 세운상가 지구의 재개발 사업은 연건평 62,284평이며 총공사비가 44억 원으로 당시 우리나라에서 집행된 민간 투자 사업으로서는 최대 규모였다(강우원, 2001). 그리하여 종묘에서 대한극장 간 상가와 아파트는 모두 4개 건물, 8개의 상가 군으로 구성되어 있다.

가장 북쪽 종로에 면한 상가가 '현대상가(종로 세운상가)'이며, 현대상가와 연접하여 청계천 쪽으로 들어선 상가가 '세운상가 가동'이다. 그리고 청계천의 남쪽으로 '세운청계상가', '대림상가', 을지로 남쪽으로 '삼풍상가', '풍전호텔', 그리고 마른내길 남쪽으로 '신성상가', '진양상가' 순으로 자리잡고 있다(강우원, 2001). 그리고 이들 세 건물의 남쪽과 북쪽 입구에는 서로 다른 이름의 간판이 붙어 있다. 세운상가, 청계 · 대림상가, 삼풍넥서스 · 호텔 PJ, 신성 · 진양상가가 그것이다. 그러니까 세 건물은 각각 한 채로 보이지만 사실은 두 동으로 이뤄진 건물이다.

세운상가 앞에는 2016년 오정현 등 8인이 참여하여 만든 높이 3m에 달하는 로봇 조형물, '세봇'이 눈길을 끈다. 세봇은 세운상가의 '세'와 로봇의 '봇'을 합친 말이다. 세운상가는 우리나라 최초의 주상복합 건축물로, 계속해서 새로움을 만들어 내고 고유의 정체성도 잃지 않는 문화적으로 가치가 있는 장소다. 그 문화적 가치를 시각화하기 위해 세운상가의 주 에너지원인 장인들의 기술력과 세운상가를 즐겨 찾는 예술가들의 상상력, 그리고 3D 프린팅 기술력을 융합시켜 탄생한 작품이 바로 '세봇'이다. 세봇은 상상을 현실로 만들어

세봇

주는 세운상가의 가치와 능력을 상징적으로 보여줌으로써 세운상가의 명성을 되찾고 더 나아가 서울의 중심에서 세계의 중심까지 새롭게 발돋움할 수 있는 명소가 되길 염원하는 작품이다.

세운상가 전경

세운상가(世運商街)라는 이름은 당시 김현옥 서울시장이 '세계의 기운이 모이는 곳'이라는 의미를 담아 지었다. 애초 계획에는 모든 건물을 공중보행데크(Elevated Pedestrian Deck)로 연결해 종묘부터 남산까지 1km를 3층 레벨에서 보행 전용 쇼핑몰로 연결하는 것을 중요한 목표로 내세웠다. 하지만 청계천로, 을지로, 마른내길 등 도로를 경계로 독립된 건물들이 들어서서 원래 목표를 이루지 못했다. 또한 5층에는 인공대지(elevated level)를 배치하여 상업시설과 주거, 업무기능을 구분하고 연결하는 개방공간(open space)을 계획했으나 실현되지 못했다.

세운상가 건물군은 당시로서는 최고 시설을 자랑하는 '주상복합 건물'로 계획되었다. 1층에서 4층까지는 상가, 5층 이상은 아파트가 들어섰다. 한마디로 '도시 내 도시'의 개념이다(강우원, 2001).

현재 청계천 남측의 청계상가와 대림상가에는 '을지로 하늘길'을 조성해 카페, 서가, 분식집, 제과점, 갤러리아, 국수집 등이 지나가는 방문객의 발길을 끌고 있다. 이 밖에도 세운상가, 을지로 그리고 청계천에서 구입할 수 있는 200여 종의 부품과 180여 개의 재료를 전시한 '을지로 산업도감'이 눈길을 끌며, 세운상가의 과거와 현재를 살펴볼 수 있는 '세운테크북 라운지'가 마련되어 있다.

또한 서울시 중구문화재단은 2023년 6월 세운상가에 문화공간인 '인현문화마루'를 오픈했다. 인현문화마루는 세운상가의 유휴공간을 활용해 지역주민을 위해 새롭게 조성한 곳으로, 3층 건물의 1개 층을 중구문화재단이 위탁받아 문화예술 창작 및 전시, 주민 참여 문화예술 기획 프로그램, 취미 · 취향 및 문화예술 모임, 강의 등을 위한 대관 공간으로 운영한다. 인현문화마루는 인근의 진양 꽃상가, 인현시장, 대한극장 등 문화 인프라와 연계하고 중구 내 다양한 예술인들과 전시, 아트마켓 등을 열어 다채로운 문화 향유의 장으로 활용되고 있다.

세운상가 인현문화마루

세운상가는 초기와는 달리 갈수록 볼품없어지고 매력을 잃어가고 있다. 우선 고가보도 자체가 별로 걸을 만한 것이 못 된다. 그리고 고가보도에서 볼 만한 것이 별로 없다. 일제강점기 때 조성된 공터를 종묘에서 남산에 이르는 녹지생태축으로 조성했어야 한다는 의견도 있다(권기봉, 2008).

한편 을지로의 지명은 을지문덕 장군의 성(姓)에서 유래했다. 광복 이전에는 언덕길이 몹시 질어서 '구리개'라고 불렀다. 당시 일제는 구리개 대신 '황금정'이란 이름을 붙였는데, 1정목에서 7정목으로 불렀다. 광복 후 1946년 10월 4일 일제식 명칭을 개정할 때 우리의 명현, 명장의 이름을 따서 붙이면서 을지로로 제정되었다. 지금의 을지로 1~7가도 그대로 사용하고 있다.

을지로는 과거의 흔적과 현대의 변화가 공존하는 장소다. 조선시대부터 많은 관아가 배치되었으며, 현재도 많은 업무 빌딩과 시장 · 상가가 발달했다. '못 만드는 것이 없는 곳'이었던 을지로는 이제 도심 재창조라는 시대의 흐름에 맞춰 을지로 일대의 도심 산업이 유지 · 발전할 수 있도록 다양한 개발계획 및 관리계획이 수립되고 있다.

배오개다리 · 새벽다리 · 마전교 이야기

세운교를 지나면 배오개다리가 나타난다. 현 종로구 예지동 189번지와 중구 주교동 99번지 사이 청계천에 있는 다리다. 다리 이름은 현 종로 4가 네거리에 배오개(이현, 梨峴)라는 고개가 있던 데서 유래되었으며, 배오개 고개는 입구에 배나무가 있어 배고개라고 하다가 배오개가 되었다. 다리 형상은 배오개길을 넘는 사람들의 만남을 상징화했다. 폭 25.5m, 길이 23.4m로 청계천이 복원되면서 2005년 9월 30일에 준공되었다(서울역사편찬원, 2009).

배오개다리 다음으로 새벽다리가 나타난다. 청계광장을 기준으로 청계천의 열 번째 다리다. 새벽다리는 종로구 예지동 332번지와 중구 주교동 45번지 사이에 있는데, 바로 광장시장과 방산종합시장 사이이다. 따라서 재래시장의 역사성과 향수를 연출하고자 시장 천막에서 착안하여 설계되었다.

2004년 4월 24일 서울특별시 지명위원회에서 새벽시장의 활기와 향수를 담은 명칭이라는 의미에서 '새벽다리'라고 제정했다. 폭 6m, 길이 22.8m로 청계천이 복원되면서 2005년 9월 30일 준공되었다. 조선시대와 일제강점기에는 없었고 2000년대에 청계천 복원공사를 하면서 새로 지은 다리다.

다음으로 마전교(馬廛橋)는 '마전(馬廛) 근처에 있는 다리(橋)'라는 의미로 다리 부근에 우마를 매매하는 마전(馬廛)이 있어서 붙여진 이름이다. '馬前橋'로 쓰인 때도 있는데, 크게 두 가지 설이 있다. 하나는 '마전 앞(前)의 다리'란 뜻으로 사용했다는 설이고, 다른 하나는 '전(廛)'과 발음이 같은 '전(前)'과 혼용했다는 설이다.

새벽다리

마전교는 조선시대 다리로 지금의 서울특별시 종로구 종로 5가와 을지로 6가(방산동) 사이의 청계천에 있다. 조선 태종 때는 창선방교(彰善坊橋)라고 부르다가 성종 때부터는 태평교(太平橋)로 불렀다. 마전교라고 부르기 시작한 것은 영조 때로, 다리 옆 광장에서 마필을 매매하면서 이런 이름이 붙었다. '말전다리'라고도 했다. 순조 이후에는 태평교와 마전교가 함께 쓰였는데, 그 뒤 마필 매매가 주로 한낮에 이루어지면서 '오교(午橋) · 오픗다리'로 와전되어 불리기도 했다.

마전교와 오간수문 사이에는 청계천 바닥에 쌓인 토사를 준설하고, 여기서 나온 흙들을 쌓아 만든 인공 가산(假山)이 있었다. 이 가산 위에 무궁화가 많아 좋은 향기가 나는 까닭에 이곳을 방산(芳山)이라 했는데, 방산동의 동명(洞名)은 여기에서 유래했다. 2003년 7월부터 청계천 복원사업의 일환으로 세워진 22개 다리 가운데 마전교도 포함되는데, 다산교(茶山橋)와 함께 2004년 12월 12일 개통되었다. 중구 청계5가 교차로 위에 있으며, 규모는 연장 21.6m, 너비는 40.5m다. 왕복 7차로이며, 자동차와 사람이 모두 다닐 수 있다.

광장시장

새벽다리 북측에는 국내외 관광객들이 많이 찾는 종로 광장시장이 있다. 현재 청계 4~5가에 걸쳐 있는 광장시장은 조선시대 배오개 시장의 명맥을 잇고, '일본의 경제침략을 제어하는 것이 곧 국권회복의 길'이라는 취지로 1905년 광장주식회사의 설립과 함께 시장 개설 허가를 받아 개장한 전통시장이다. 1905년 일제가 화폐정리사업을 단행하면서 조선 상인의 기반을 흔들자, 조선 상인들이 그해 7월에 광장주식회사를 설립했다. 1983년 통행금지가 해제되고 나서 동대문시장이 대형 쇼핑몰 중심의 패션 거리로 각광받는 한편 광장시장은 한복, 침구 같은 혼수품이 주를 이루는 것으로 인식되었다.

광장시장은 원래 광교(너른 다리)와 장교(긴 다리) 사이를 복개하여

광장시장

만들려고 했기 때문에 그 다리 이름의 첫 글자를 따서 '너르고 긴'이라는 뜻의 광장(廣長)시장으로 이름 지었으나 배오개로 터를 옮기면서 이전 이름의 한글 발음을 그대로 둔 채 '널리 모아 간직한다'라는 뜻을 새로 담아 현재의 광장(廣藏)시장으로 불리게 되었다. 초입에는 한복집, 이불 가게, 포목점과 그릇 가게, 가구를 파는 곳 등이 있으며 안쪽 사거리로 들어가면 국내외 관광객들이 많이 찾는 '먹거리 골목'이 시작된다. 광장시장에는 육회, 선과 부침, 빈대떡, 잔치국수, 대구탕, 김밥 등이 유명하다.

새벽시장의 남측으로는 방산종합시장이 자리를 잡고 있다. 방산종합시장은 서울 을지로 4 · 5가와 청계천 사이에 있으며, 청계천 쪽으로는 광장시장, 을지로 쪽으로는 중부시장과 마주하고 있다. '종합포장인쇄 타운'을 표방하는 인쇄 및 포장 관련 전문시장이다. 방산종합시장은 제과, 제빵 하려는 사람들과 향료, 디퓨저를 구매하려는 사람들이 자주 찾는 장소이다.

방산종합시장

버들다리(전태일다리)

노동운동가 전태일을 떠올리면 가장 먼저 생각나는 곳이 '평화시장'이다. 이곳은 전태일이 서울에 올라오면서 미싱 보조부터 재단사까지 도맡으며 일했던 곳이다. 이곳은 그가 집보다 더 많은 시간을 보낸 장소이자 근로기준법이 하나도 지켜지지 않은 노동자들의 실태를 직접 목격했던 현장이었다.

전태일은 1970년 11월 13일 오후 1시 근로기준법 화형식을 거행하기 위해 휘발유를 끼얹고 점화하기 직전, 연설대에 올라 "우리는 재봉틀이 아니다", "일주일에 한 번만이라도 햇빛을" 등의 구호를 제창했다.

> 1970년 11월 13일 동대문 평화시장 앞길에서 "우리는 기계가 아니다!"라고 외치며, 만 스물두 살 젊은 육신에 불을 댕긴 전태일. 정녕 인간이라면 고개를 숙이고 두 손을 모을 수밖에 없는 참된 죽음 앞에서, 수많은 이들이 전태일을 따라 노동의 긍지와 인간의 존엄을 되찾는 실천에 나섰고, 그 헌신과 열망이 1987년 6월 항쟁과 노동자 대투쟁을 이끌어 2016년 겨울의 촛불광장으로 면면히 이어졌습니다. 전태일. 그의 삶은 우리 현대 사회의 물줄기를 바로 잡은 민중의 역사로 영원히 기억될 것입니다(전태일재단 안내자료 인용).

전태일다리에는 '인간해방의 불꽃'이라는 표석이 붙어 있다. 그 내용을 보면, "고난을 이겨낸 꿈과 희망 생명까지 바친 무한한 사랑, '내 죽음을 헛되이 말라'며 인간해방의 불꽃이 되었으니 전태일의 위

대한 부활이어라. 고난에서 사랑을 얻고 사랑에서 지혜를 얻으며, 사랑과 지혜로 해방을 얻는 전태일 정신, 전태일 사상으로 우리 모두 서로 사랑하게 하니 전태일의 크나큰 사랑이어라. 사랑에 찬 헌신, 얼음을 뚫은 불꽃, 사람세상 위한 결단과 희생이 이 상에 응축되어 인간해방의 불꽃으로 타오른 전태일의 영원한 횃불이어라"이다. 그는 산업화 시대에서 민주화 시대로 전환하는 과정에서 한국 산업사회의 큰 횃불이었다.

전태일 분신 현장이었던 전태일다리(일명 '버들다리')에는 전태일 반신 동상이 세워졌다. 청계천의 물을 딛고 다리 위에 올라서 평화시장 일대를 바라보는 모습이다. 전태일다리에는 청년 전태일이 그랬던 것처럼 지금도 오토바이들이 분주하게 오간다. 다리 앞 평화시장 입구에는 전태일 분신 표지석이 있다. 또한 전태일 문화거리를 알리는 동판이 삼일교부터 보도블록

버들다리(전태일다리) 위 전태일 동상

형태로 깔려 있다. 1970년 11월 13일 전태일 분신 이후 40주기를 맞이하여 세워진 동판에는 그가 1970년 8월 9일 쓴 일기장의 한 페이지가 동판에 새겨져 있는데, 내용을 읽으면 그의 숭고한 노동운동 정신에 숙연해진다. 그 내용은 다음과 같다.

> 이 결단을 두고 얼마나 오랜 시간을 망설이고 괴로워했던가. 지금 이 시각 완전에 가까운 결단을 내렸다. 나는 돌아가야 한다. 꼭 돌아가야 한다. 불쌍한 내 형제의 곁으로 내 마음의 고향으로 내 이상의 전부인 평화시장의 어린 동생 곁으로. 생을 두고 맹세한 내가 그 많은 시간과 공상 속에서 내가 돌보지 않으면 아니 될 나약한 생명체들 나를 버리고 나를 죽이고 가야. 조금만 참고 견디어라, 너희들의 곁을 떠나지 않기 위하여 나약한 나를 다 바치마. 너희들은 내 마음의 고향이로다(1970년 8월 9일 전태일의 일기 중에서).

지난 1970년 노동자의 권리를 부르짖으며 전태일 열사가 분신한 장소가 2015년에 서울시 미래유산으로 선정됐다. 전태일재단에 따르면 서울 중구 청계천로 274번지 평화시장 A · B동 사이 대로변이 서울시 미래유산보존위원회의 심의를 거쳐 선정됐다. 당시 봉제공장 재단사로 일하며 어린 소녀들이 열악한 환경에서 일하는 모습에 공분을 느낀 전태일은 근로기준법을 공부하며 수차례나 노동청에 진정서를 제출했다. 그러나 아무것도 달라지지 않자 지난 1970년 11월 13

일 이곳에서 분신했다. 전태일재단은 지난 2005년에는 인근에 전태일 동상을 세우고 추모 동판을 깔았으며, 2010년에는 '버들다리'를 '전태일다리'와 병기하도록 하는 등 기념사업을 펼쳐 왔다.

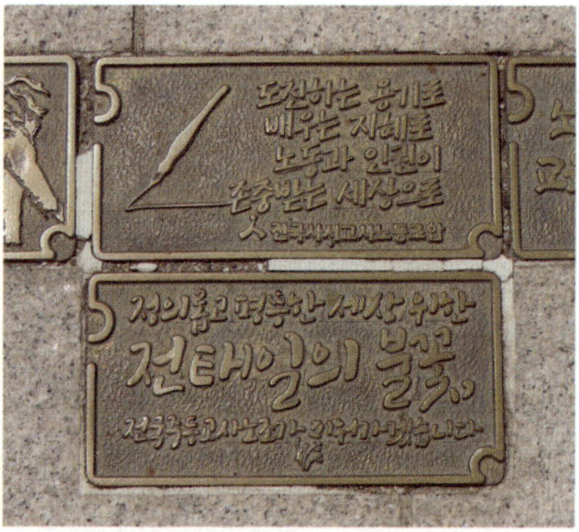

8,131개의 전태일 추모 동판

패션광장(청계 4경)과 문화의 벽

패션광장은 청계천의 중심이 되는 상징적 공간으로 '청계 4경'으로 선정되었다. 주변에 두산타워, 밀리오레 등 패션 전문 상가가 즐비하다. 동대문 의류 시장의 직물을 소재로 한 색동벽과 미술가 5인의 벽화작품이 설치된 문화의 벽 등이 볼거리다. 패션분수도 화려한 조명을 받아 춤추듯 솟아오르는 장관을 연출한다. 패션광장은 인간과 자연의 상생과 조화를 주제로 제작한 '문화의 벽'과 시원한 물줄기를 뿜어 올리는 하천분수로 구성되어 있다. 자그마한 문화공간인 수변무대가 어우러진 휴식 공간이다.

패션광장과 문화의 벽

서울시는 청계천 복원 구간의 중간 지점인 동대문 패션타운 부근에 설치된 도자(陶瓷) 벽화 '문화의 벽'과 '색동벽'을 설치했다. 동대문 앞 오간수교 상류 왼쪽 옹벽에 설치된 '문화의 벽'은 '미래로 가는 길'을 주제로 5명의 도자 작가가 참여해 만든 작품이다. 석기조합토, 백자토, 자기질 점토 등을 재료로 20~40cm 크기의 도판들을 만든 뒤 이를 벽화로 재구성한 가로 10m, 세로 2.5m 크기의 작품 5점이 나란히 설치돼 있다.

문화의 벽에 그려진 주요 작품은 청계천의 맑은 물속에서 물고기, 자라, 개구리 등 자연과 함께하는 천진난만한 아이들의 모습을 주제로 한 '서울의 노래'(전갑배 작), 청계천 지역의 과거와 미래, 주변 환경 등을 고려하여 미로를 찾아가는 호기심과 생각의 즐거움을 유도한 '시각의 미로'(배진환 작), 덮여있던 청계천이 열리고 그 맑은 물에 별이 비쳐, 별을 품고 노래하는 도시가 되길 기원하는 작품인 '별'(장수홍 작), 청계천 기억의 저편에서 볼 수 있는 이미지를 상기시키고, 미래 문명의 저편을 상상해 볼 수 있는 작품인 '기억의 저편'(백명진 작), 그리고 생동과 율동을 주제로 새로운 미래로의 생성을 표현한 작품인 '생성–빛'(강석영 작)이다.

색동벽은 동대문 앞 오간수교 하류 좌안 산책로변 옹벽에 설치되었으며 가로 18m, 세로 1.5m, 두께 6~40cm의 백자도판을 제작하여 벽화를 조성했다. 작품명은 '색동사랑'(이규한 작)으로 우리 마음속에 이어져 내려오는 전통문화이며 한국의 빛깔, 숨결, 영혼을 상징하는 색동을 담았다.

문화의 벽과 색동벽은 청계천이 환경 · 생태 복원뿐만 아니라 문화 복원의 의미까지도 더해질 수 있으며, 청계천을 찾는 국내 · 외 관광객들에게 볼거리를 제공하고 청계천과 문화작품의 우수성을 온 세계에 알리는 계기를 마련했다.

청계천 변 시장

조선시대에는 국가에서 허가한 시전, 서소문 일대에 있던 칠패시장, 흥인지문 일대의 배오개에 있던 배오개 시장이 서울의 3대 시장으로 꼽혔다. 칠패시장과 배오개 시장은 18세기 상업의 발달과 맞물려 한양 주변의 양주 누원점(樓院店, 함경도로부터 한양으로 올라오는 모든 물산의 집산지), 송파장(松坡場, 남한산성 인근) 등과 연계해 민간 시장으로 크게 활성화되었다.

개항과 더불어 중국과 일본의 상인들이 재빠르게 서울의 상권을 장악했고, 청일전쟁 이후 일본 상인들이 서울의 시장을 지배했다. 이에 대응하기 위해 1905년 배오개 시장이 있던 곳을 근거지로 한국인들이 자본을 모아서 광장주식회사가 설립되었다. 그 이후 광장주식회사가 운영하는 동대문시장은 일제강점기 때 남대문시장과 함께 서울의 대표 시장으로 자리매김했다.

동대문 상권은 1905년부터 자리를 지켜온 광장시장을 거점으로 계속 동쪽으로 확장했다. 1958년부터 시작한 청계천 복개공사로 청계천의 물길이 완전히 사라졌지만 대신 청계로가 생겼다. 청계로 양쪽에는 현대식 상가 건물들이 들어섰고, 복개 구간이 늘어남에 따라 그 길이도 길어졌다. 1962년에 평화시장이 문을 열었고, 1969년부터는 신평화시장, 동평화시장, 청평화시장이 계속 생겨나 1960~1990년대 소비재 상품을 중심으로 수출주도형 산업화를 선도했다.

1990년대에 들어서 거평프레야, 밀리오레, 두산타워 등 고층 의료전문 상가가 차례로 생겨나면서 동대문 주변은 세계 굴지의 패션 시장으로 성장했다. 또 한국 전자산업의 메카로 불린 세운상가와 그 주변의 수많은 공구 기계상가, 조명 상가들은 '못 만드는 것이 없고, 못 구하는 것이 없는' 청계천의 신화를 낳았다. 청계로는 그 자체로 한국판 현대 산업지도였다.

평화시장

오늘날 청계천 시장은 평화시장부터 시작한다고 볼 수 있다. 평화시장은 한국의 의류 산업을 선도해 온 장소로, 한국전쟁 이후 청계천 주변에서 미군 군복과 담요 등으로 옷을 만들어 팔기 시작하면서 성장했다. 기존의 맞춤옷에서 기성복으로 변화하는 시대의 흐름과 합성섬유의 발전에 힘입어 옷을 만들어 냈다. 1960년대 큰 인기를 끌면서 한때 인근 시장들과 함께 한국 기성복의 약 70%를 생산하기도 했다. 하지만 그 인기 속 그림자에는 노동자들의 아픔이 담겨 있었다.

한국전쟁을 계기로 38선 이남으로 내려온 실향민들은 서울 청계천 근처에 거주하면서 의류를 만드는 일로 생계를 이어 나갔다. 억척스럽기로 소문났던 실향민들은 시장에 내다 팔 수만 있다면 어떤 종류의 물건이라도 팔고자 했고 미군 부대에서 나온 군복과 담요를 활용한 옷도 만들어서 팔았다.

당시 청계천 주변은 무허가 건물과 노점이 즐비했으며, 이곳으로 배출된 오수와 쓰레기로 서울시는 골머리를 앓았다. 서울시는 청계천 주변의 열악한 환경을 개선하기 위해 1958년 청계천 위로 콘크리트를 덮어서 도로로 만드는 복개 공사를 시작했는데 이 공사로 인해 무허가 건물과 노점 상태로 있던 청계천 재래시장이 없어질 위기에 처했다. 당시 상인들은 서울시에 생존권 보상 등을 요구하며 집단 대응했고 그 대가로 서울시로부터 부지를 제공받아 청계천 바로 옆 서울운동장 북쪽 편에 3층짜리 건물을 지었다. 이것이 오늘날의 평화시장 건물이다. 겉보기에는 그럭저럭 깔끔해 보이지만 2020년대 기준으로 환갑을 넘긴 건물이다.

시장 명칭에 '평화'라는 이름이 명명된 것은 이 시장의 상인 다수가 실향민이었고 그들이 평화 통일의 염원을 담긴 이름을 상가에 담고자 했기 때문이다. 평화시장으로 명명된 새 시장은 1962년에 문을 열었다. 평화시장이 성장하자 주변에 생산과 판매가 혼합된 의류 상가들이 들어서 동신시장(1962), 통일상가(1968), 동화시장(1969)이 차례로 들어섰다.

오간수교에서 바라본 대문종합시장과 JW매리에트 동대문 스퀘어 서울

평화시장은 현재 전 층이 상점이고 공장은 주변의 창신동, 신당동 일대에 자리잡고 있지만, 과거에는 1층은 상점, 2~3층에는 봉제공장이 있었다. 이런 구조는 18~19세기 유럽 산업도시 건물에서도 나타난다. 원재료를 건물의 맨 위층(일종의 재료 창고)에 저장한 후, 밑에 층에서 이를 활용해 제품을 만든 후 1층 상점에서 판매하는 구조였다. 생산과 판매가 공간적으로 단일 건물 안에서 수직적 프로세스를 따라 발생하는 것이 18~19세기 유럽과 20세기 중후반 서울이라는 서로 다른 시공간에서 나타난 것이다.

당시 부유층은 양장점에서 옷을 맞춰 입었지만, 일반 서민들은 옷감을 떼다 옷을 만들어 입는 경우가 많았다. 이런 상황에 기성복이 등장하자 대중에게 큰 인기를 누리면서 평화시장은 빠르게 성장하기 시작했다. 밤 10시부터 새벽까지 의류 상가들이 밀집해 있는 동대문시장 일대는 불야성을 이루었다. 당시 시간대별로 살펴본 동대문시장의 풍경화는 다음과 같다.

> 밤 10시에 의류 도매 상가들이 문을 열자마자 지방에서 올라온 상인들이 밀려든다. 밤 11시 지방 상인들의 쇼핑 보따리가 상가 앞마다 수북이 쌓이기 시작한다. 밤 1시경 도매 상가 바깥으로 나가보면 노점상 군단이 출동, 소매 고객을 잡기 위한 노점상들의 판매 경쟁이 치열하여 길마다 발 디딜 틈이 없다. 새벽 1시에 쇼핑을 끝내고 포장마차에서 허기를 달래는 지방 상인들의 모습을 자주 볼 수 있다. 새벽 2시가 되면 지방 상인들은 빠져나가고 어디에서 왔는지 수많은 소매 고객이 상인들의 자리를 메우면서 시장의 열기는 차츰 식어간다(오유석, 2001).

평화시장을 중심으로 하던 동대문 상권은 1960~1970년대 대한민국 의류 생산의 주축을 담당하면서 빠르게 성장했지만, 초고속 성장 뒤에는 그림자가 있었다. 바로 열악하기 짝이 없던 노동자들의 현실이었다. 1970년대 평화시장 내부에는 옷감을 직접 재단하고 재봉해서 옷으로 만든 뒤 이를 판매하는 영세 업체들이 많았다.

1970년대에 들어서는 동대문 성곽 외곽지역, 즉 청계 6가 사거리 동쪽 지역이 개발되기 시작하면서 1972년 신평화시장이 개발된 후, 1983년 청평화시장이 오픈했다. 이들은 평화시장의 덕을 보고자 평화라는 이름을 고수하여, 신평화, 동평화, 청평화, 남평화, 제일평화시장 등으로 이름을 붙였다. 평화시장이 가파르게 상권으로 성장하면서 1975년 이후 2층과 3층 공장들은 지대가 싼 주변의 창신동, 숭인동, 충신동, 신당동으로 이주했다. 여기에는 열악한 작업환경의 공장은 철거하겠다는 서울시의 방침도 일조했다. 서울시는 위험작업장 종합 안전진단을 실시하여, '극히 불량한 것은 모두 철거한다'라는 방침을 천명하기도 했었다.

현재는 '동대문 패션타운'이 관광특구로 지정되어 있는데, 종로 5가 광장시장에서 청계 8가 신설 종합시장까지 약 2km의 청계천로 좌우와 인접 골목, 그리고 흥인문로의 좌우 일대에 분포된 시장들을 총칭해 이른다. '밤에 디자인하여 아침이면 새 옷이 나오는 곳'으로 불리는 동대문 패션타운은 도매시장과 소매시장으로 나뉜다.

도매시장은 한국 지방 소매상이나 미국, 일본, 중국, 러시아 등에서 온 외국 바이어들이 들러 물건을 사 가는 곳이다. 이곳은 밤 8시에 문을 열어 아침 8시쯤에 문을 닫는다. 도매상가로는 '패션몰 유어

두타 전경

스', '누죤', '디자이너클럽' 등 22개가 있다. 소매상가는 오전 10시 30분쯤 문을 열어 새벽 1시에서 5시까지 영업한다. 소매 상가로는 '두타', '피트인', '밀리오레' 등 6개가 있다.

동대문 패션타운의 이점은 1970년대부터 가능했던 SPA(Specialty store retailer of Private label Apparel Brand) 시스템에 있다. 한마디로 원스톱 쇼핑이 가능한 공간이다. SPA는 기획, 생산, 유통이 모두 통합된 브랜드 생산 시스템으로 비용을 절감하면서도 소비자의 욕구와 트렌드를 빠르게 반영할 수 있다.

1970년 12월 국내 최대 원단 및 부자재 시장인 '동대문 종합시장'이 생겨나면서 시장 내 원단공급이 원활하게 이루어졌고, 동대문 시장 안에서 기획, 디자인, 원단 재단, 생산, 유통까지 한 번에 할 수 있게 되었다. 현재 동대문 패션타운 안에는 소규모 SPA 업체들이 3만 5,000여 개가 집중되어 있다. 이 업체들의 사장들은 대부분 20~30대로 젊고 유행에 매우 민감하다. 이들은 자신의 개성을 발휘한 의류를 판매하면서도 고객의 성향과 유행에 맞춰 거의 매일이다시피 신상품을 디자인해서 판매한다.

청계천 헌책방거리

청계천 패션타운 중 오간수문 남서쪽으로는 과거 한국전쟁 시 서울 수복 직후부터 등장하여 1970~1990년대 헌책방 가게들이 즐비하던 시절이 있었다. 청계천 · 대학천 책방거리가 현재의 위치에 있는 이유는 과거 양반 중심 문화가 남아 있는 종로와 북촌을 중심으로 교육시설이 밀집해 있었기 때문이다. 해방 이후 청계천이 복개되면서 대학천 책방거리는 출판 유통의 중심지가 되었고, 청계천 책방거리는 교과서부터 금서까지 다양한 헌책을 저렴하게 공급해 왔다. 이 거리는 1970년대 중반에 최대의 호황을 누렸는데, 학생층을 중심으로 100여 개의 서점이 운영되었다. 청계천 복개 이후 평화시장 쪽은 헌책방거리가 되어 현재 20여 개의 헌책방이 운영되고 있다. 서울시는 2013년 청계천 헌책방거리의 추억과 역사를 보존할 가치가 있다고 판단해 서울시 미래유산으로 선정했다.

성균관 북쪽에서 발원하여 남쪽으로 흘러 청계천 본류에 합류하는 지천의 이름은 원래 흥덕동천(興德洞川)이었다. 1926년 이 하천을 사이에 두고 경성제국대학 법문학부와 의학부가 자리 잡은 뒤로는 '대학천'이라는 새 이름을 얻었다. 대학천과 청계천 본

청계천 헌책방거리 풍경

류가 합류하는 지점에는 해방 직후부터 헌책을 취급하는 가게들이 들어섰다. 1960년대 청계로가 생긴 뒤 대학천 책방의 일부는 청계로 변으로 이동하여 주로 헌 책을 취급했고, 남은 책방들은 새 책을 싸게 파는 도매상으로 변신했다(청계천박물관 전시자료).

요즘은 다양한 매체가 변화함에 따라 헌책 수요가 감소하고 출판업 유통 질서가 변화하면서 서점 수도 줄어들고 있다. 실제로 평화시장에 가보면 옛날에 비해 서점 수가 크게 줄어든 것을 확인할 수 있다. 하지만 오늘날 산업화의 기반이 되어 준 책방거리의 역사를 이해하면 평화시장 주변의 헌책방거리도 다르게 볼 수 있을 것이다(이명은, 2013).

2 오간수교부터 영도교까지

오간수문과 오간수교

오간수문은 서울특별시 동대문에서 중구 을지로 6가로 가는 성벽 아래 청계 6가에 있던 조선시대의 수문(水門)으로 수문이 5칸, 즉 5개의 수문으로 이루어졌다는 뜻에서 붙은 이름이다. 언제 세워졌는지는 확실하지 않지만, 조선 초기 한양도성을 수축하면서 물길을 낼 때 만들어졌을 것으로 추정된다.

오간수문은 동대문 남쪽 성벽 아래로 흐르는 냇물이 도성 밖으로 잘 빠져나갈 수 있도록 설치한 수문이다. 사람들이 함부로 드나들지 못하도록 수문마다 쇠창살로 만든 철문을 설치했다. 각 수문의 크기는 1.5m 정도다.

조선시대 한성에 성곽을 쌓으면서 청계천 물이 원활하게 흘러갈 수 있도록 아치형으로 된 구멍을 만들어 '홍예교'라고도 했다. 그리고 홍예(虹霓, 무지개 모양의 구조물) 위에 성곽을 쌓아 올렸으며, 아치 모

오간수교

양의 구멍을 서로 연결하고 성벽 안쪽으로 장대석을 연결하여 다리를 놓았다. 처음에는 수문이 3개였으나 1421년(세종 3)에 장마로 개천이 범람하자 1년 뒤에 추가로 2개를 더 만들어 5개가 되었다.

그러나 쇠창살에 부유물이 걸리고 토사가 쌓여 나무 문 2개를 별도로 세웠는데, 이 역시 영조 대에 이르러 거의 막혔다. 이 때문에 1760년(영조 36) 청계천을 준설하면서 수문 앞에 쌓인 토사를 걷어내고 복원했다. 이때 나무 문을 헐어 원래 모습대로 되돌렸으며 주변에 버드나무를 심어 토사가 쓸려 내려오지 못하게 했다. 이렇게 버드나무가 심어진 오간수문은 한양의 봄놀이 장소로 유명해졌다고 한다.

그 후 1907년(융희 1) 중추원에서 청계천 하수의 원활한 소통을 위해 수문을 헐고, 이듬해 3월에는 동대문 근처의 성벽과 함께 오간수문의 성벽마저 헐었다. 이로써 오간수문의 원형은 완전히 자취를 감추게 되었다. 대신 같은 자리에 콘크리트로 만든 다리를 세웠는데, 오간수문을 오간수다리 · 오간수교 · 오간수문교로 부르게 된 것은 이때부터다.

그러나 오간수문과 오간수교는 엄연히 다른 별개의 것이다. 오간수교는 청계천 다리 중 유일하게 다리의 모양이 성벽 형태다. 이는 한양도성의 일부이기 때문이다. 조선왕조 500년 동안 '오간수문'이라고 불렀지 '오간수교'라고 부른 적은 없었다. 오간수문을 오간수교라고 부르게 된 것은 일제가 오간수문을 헐고 콘크리트로 된 근대식 다리를 놓은 다음부터였다.

1921년 6월에 흥인지문에서 광희문 간 전차 노선이 새로 생기면서 오간수교 위에 전차 선로가 놓였다. 오간수교 바로 옆, 즉 지금의 동대문 종합시장 자리에 전차 차고가 자리해서 오간수교는 다른 어떤 곳보다도 전차의 왕래가 잦았다. 1926년 6월 대한제국의 마지막 황제 순종의 장례 행렬이 오간수교를 지나면서 4.5m쯤 되었던 다리의 폭을 8.2m 정도로 확장했다. 그러나 1961년 청계천 복개공사로 완전히 없어졌다.

복원된 오간수문

2003년 7월부터 청계천 복원사업의 일환으로 청계천 역사 유적을 발굴할 때 오간수문의 아래쪽 끝 받침과 홍예 기초부, 돌거북 등이 발굴됨에 따라 2004년부터 복원사업을 추진했다. 새롭게 만들어진 오간수교는 오간수문의 전통적인 모양을 살려 수문 5개와 무지개 모양의 홍예 아치를 재현했다.

오간수문에는 유명한 도적 임꺽정의 이야기가 전해진다. 오간수문은 크기가 5척이나 되었으며, 수문마다 쇠창살로 만든 철문이 설치되어 있었다. 엄연히 도성의 경계를 나타내는 방어 구조물이었지만, 아무래도 물이 나가다 보니 다른 문이나 성벽처럼 막혀있지 않았다. 그래서 홍예마다 쇠창살을 두어 외부인이 멋대로 드나들지 못하게 한 것이다. 다만 하천의 범람 시 물이 원활하게 흐를 수 있게 쇠창살마다 작은 철제 줄을 연결하여 상황에 맞춰 언제든 여닫을 수 있게 했다. 이것은 물이 잘 빠져나가도록 함과 동시에 외부에서 이 수문을 통해 함부로 사람들이 드나들지 못하도록 하기 위함이었다. 이 수문은 도성 안에서 죄를 지은 자가 도성을 빠져나가거나 혹은 몰래 도성 안으로 잠입하는 사람들의 통로로 곧잘 이용되었다.

조선 명종 때의 도적으로 알려진 임꺽정의 무리가 도성에 들어와 당시 서린방(현재 종로구 세종로 1가)에 있던 전옥서(典獄署)의 옥문을 부수고 임꺽정의 처를 구출해 도망갈 때 이 오간수문을 통하여 달아났다고 한다. 이로 미루어보아 오간수문은 외부 사람들이 도성을 몰래 드나들 때 이용하던 주요 통로가 되었던 것 같다.

영조의 준천사실, 정조어필과 준천가

영조는 이 오간수문에 여러 차례 행차하여 역군들을 독려했다. 이 내용이 『준천사실』에 기록되어 있다. 영조의 대표적 참모였던 홍계희(洪啟禧, 1703~1771)가 영조의 뜻을 받아 기록한 『준천사실』 서문에는 "큰일과 중요한 일은 비록 거론할 수 없으나 그 가운데서 보수하고 보충해야 할 곳은 감히 게을리할 수 없다. 준천과 같은 일은 백성을 동원하지 않을 수 없고, 또한 백성을 돌아보지 않을 수도 없다"라고 명시하여 청계천 준천이 국가의 최우선 사업임을 강조했다. 아울러 영조는 "나는 백성들에게 혜택을 주지 못했으니 무슨 마음으로 백성을 괴롭히겠는가?"라고 하면서 준천사업이 백성에게 얼마나 부담을 주는지에 대해서도 세심한 신경을 썼다(신병주, 2015).

영조 때 진행한 개천 공사에 관해서는 『영조실록』을 비롯해 『승정원일기』, 영조가 개천 공사를 완료한 후에 쓴 『준천사실』 등의 기록물에 자세히 정리돼 있다. 이 기록에는 개천 공사의 추진 배경과 개천 공사 찬반 논쟁, 공사의 구체적인 과정, 공사 이후의 보상 등 개천 준설 공사에 얽힌 다양한 내용이 정리돼 있다.

영조는 1760년, 재위 36년이 되는 시점에 정치적 안정을 바탕으로 국가 역량을 총동원하는 준천사업을 실행에 옮겼다. 이를 통해 당시 도시로 유입돼 실업자가 된 사람에게 일자리를 만들어주고, 청계천을 정비해 홍수에 대비하며 더욱 쾌적한 도시를 만들고자 했다. 개천 준천사업에 역부(공사장에서 삯일하는 사람)를 동원함과 동시에 일당 노동자를 고용한 것도 실업자 대책과 관련이 깊다.

본격적인 준천사업은 1760년 2월 18일에 시작돼 4월 15일 끝났다. 57일간의 공사 기간에 21만 5천여 명의 백성이 동원됐는데, 도성의 백성을 비롯해 각 시전상인과 지방의 자원자, 승려 등 다양한 계층이 참여했다. 실업 상태의 백성 6만 3,000여 명은 품삯을 받았는데, 공사 기간에 3만 5,000냥의 돈과 쌀 2,300여 석의 물자가 소요됐다(신병주, 2015).

한편 영조는 준천사업을 기념하는 표석(標石)을 세워 기준점으로 삼도록 했다. 1760년 3월 16일 자 『승정원일기』에 따르면, 영조는 "표석(標石)은 경진년(1760년)을 지평(地平)으로 새기고 침수되지 않게 해야 유효할 것이다"라 고 했는데, "경진지평" 네 글자를 새기고 이 글자가 모두 보이도록 늘 토사 관리에 최선을 다할 것을 지시한 것이었다.

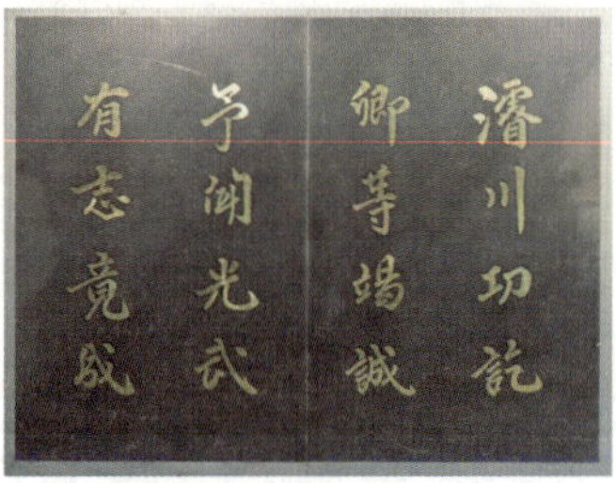

정조어필

현재 오간수교 밑에는 정조가 1760년 쓴 정조어필이 있다. 그 내용은 개천 준천에 공이 있는 신하들에게 내린 글이다. "준천 역사를 끝마친 것은 경들이 정성을 다했기 때문이다. 내가 듣건대, 후한 광무제가 말하기를 '뜻이 있으면 마침내 이루어진다(有志竟成)'이다" 그러면서 무릇 의미있는 일을 하고자 한다면 먼저 뜻을 세우고 힘써야 할 것임을 강조했다.

번암 채제공(蔡濟恭, 1720~1799)은 1791년에 쓴 『번암집』 9권에 조선 개국부터 준천까지의 개천 역사를 함축적으로 표현하며 준천을 시행한 영조를 칭송하는 「준천가(濬川歌)」를 남겼다. 채제공이 이 시를 지은 시기는 정확하게 알 수 없으나 조선 개국 초부터 영조 49년 석축공사에 이르기까지 약 400년간의 개천의 역사를 매우 사실적으로 표현했다. 특히 오랫동안 준설을 하지 않아 황폐해진 개천의 모습과 준천 시행 여부를 두고 신하들 간에 의견이 분분했으나 영조의 단호한 결단으로 준천이 가능했다는 점, 준천 공사에 많은 물력과 인부들이 참여한 점, 준천과 석축공사 이후 개천 양안이 곧게 펴지고 물이 잘 흐르게 되었다는 점 등 전반적인 내용은 영조의 준천을 찬양했다. 그 내용을 일부 소개하면 다음과 같다.

하늘에 있는 은하수, 밝은 빛이 온 세상을 환히 비추고 땅에 있는 맑은 위수(渭水) 장안(長安)을 관통하여 쉬지 않고 흐르네. 한양은 큰 산과 내에 둘러싸여 있고 왼쪽에 종묘, 오른쪽에 사직이 있는 만년 도읍 터이네. 여러 물줄기 서북쪽 모퉁이에서 발원하여 도성 한가운데에 한 길로 뻗쳐있네.

오간(五間)의 철문 동쪽을 지키며 열렸다 닫혔다 번성과 쇠락의 물길임을 보여주네. 개국 초 국가 경영에 들인 큰 비용과 공력으로 열두 무지개다리 맑은 하늘 높이 솟아있네. 도읍으로 정해진 이래 400년 토사가 무너지고 쓸려 내려가기를 그칠 때가 없었네. 큰비 한번 지나가면 막힌 곳 하나 더 늘어나 개천 바닥은 왕왕 평지처럼 되었으며, 장악(莊嶽)의 육, 칠월이 되면 땅 위로 물이 솟아 무릎까지 차오르네.

조정 논의 분분할 뿐 정리되지 않으니 성상(聖上)께서 빨리 용단을 내리시어 유실됨이 없었네. 창고 속 돈과 비단 헤아릴 수 없이 풀어내고 수많은 역부 힘차게 달려드는 것이 화살처럼 빠르네. 괭이 삽 등등하니 곧바로 바닥에 다다르고 표석에 새긴 옛 기록 거듭 나오네. 모래를 옮겨 언덕을 만드니 높이가 만장이요, 큰 수레, 작은 들것 서로 부딪히네.

임금께서 친림(親臨)하여 보시니 피곤함을 잊었고 물은 옛길 따라 잔잔히 흘러가네. 개천 양안 10리 활시위처럼 곧아졌으며 삼영(三營)에서 쌓은 석축(石築) 흐트러짐이 없네. 맑은 물결 찰랑거리고 수양버들 그늘을 짓고 하늘의 맑은 기운 궁성(宮城)을 밝게 비추네.

어찌하면 백성들이 침수를 면하게 하겠는가. 오직 땅 기운에 응하여 물이 잘 흐르고 소통되도록 하는 것이라. 하(夏)나라 우(禹)임금 개천 파고 우리

성상(聖上) 준설하니 일의 크고 작음은 있으나 공(功)은 하나이네.

성세(聖世)의 다스림이 세 번 돌이켜볼 만하니 곳곳에 물길이 소통되고 도달되네. 아름답구나! 세차게 흐르며 끊이지 않음이여! 반석같이 든든한 종묘사직 평안하고 조용하네(서울특별시, 2006).

「준천가」 벽화 건너편에는 1760년 영조가 오간수문 위에서 개천 준설의 역사(役事)를 지켜보는 그림 「준천도」와 1900년쯤 찍은 오간수문 사진을 도자에 전사한 그림 등으로 복원되었다.

흥인지문과 흥인지문공원

서울 한양도성 흥인지문(興仁之門)은 종로구 종로 6가 일대에 있는 우리나라의 보물 1호이다. 1398년(태조 7)에 건립된 흥인지문은 도성의 정동(正東) 쪽에 있으므로 흔히 동대문으로 불린다. 사대문과 사소문 등 도성의 8개 문 가운데 유일하게 이름이 넉 자이며, 밖으로는 성벽이 튀어나온 옹벽을 두르고 있다. 먼발치에서 보더라도

흥인지문(동대문)

원형으로 쌓인 특이한 모습에 눈길이 더 가게 된다.

600년 역사를 묵묵히 지켜온 흥인지문에 어린 숱한 이야깃거리 중에서는 인조와 명성황후 이야기가 유명하다. 1636년 병자호란으로 청나라에 항복을 한 인조 임금이 환궁할 때 들어온 문이 흥인지문이고, 1882년 임오군란 때 명성황후가 난을 피해 경기도 장호원으로 갈 때 나간 문도 흥인지문이다.

흥인지문공원(興仁之門公園)은 흥인지문 북쪽 낙산으로 오르는 비탈에 조성되어 있다. 이 공원은 서울시가 2010년 옛 이화여대 동대문병원 터 일원에 11,519㎡(약 3,484평) 규모로 마련했다. 고갯마루에서 살펴보는 주위 전망이 뛰어나 최근 많은 사람이 즐겨 찾는 핫스폿(hot spot)으로 떠오른 곳이다. 언덕 위 한편에서는 도성의 모든 것을

한양도성 변 흥인지문공원

담아 놓은 한양도성박물관도 만날 수 있다. 공원 언덕 위에서 흥인지문 옹성 안을 들여다보는 재미도 쏠쏠했다. 성돌에 문구를 새겨 넣은 각자성석(刻字城石)을 찾는 묘미도 빼놓을 수 없다.

흥인지문공원은 낮에도 아름답지만, 야경으로 유명한 곳이다. 동대문디자인플라자(DDP)와 빌딩들의 네온사인, 동대문 쇼핑센터의 불빛 그리고 성곽길을 따라 조명이 켜지고 이를 통해 보이는 서울의 야경이 매우 다채롭다. 과거를 기억하는 문화유산과 현대인들의 삶을 보여주는 쇼핑센터가 공존하는 곳으로 서울의 유구한 역사와 눈부신 발전을 한눈에 바라볼 수 있는 야경 명소다.

남소문동천과 이간수문

조선시대 남산 기슭에서 발원한 창동천, 회현동천, 남산동천, 이전동천, 주자동천, 금위남별영천, 쌍이문동천, 남소문동천 등도 북쪽으로 흘러 청계천으로 합류했다. 그중 남소문동천은 현재 국립극장 부근에서 발원하여 장충단공원, 장충체육관을 거쳐 광희사거리, 동대문역사문화공원 등을 지나 이간수문을 통하여 청계천 본류에 합류한다. 사실 남소문은 지금 터의 표석만 남아 있지만, 조선시대에는 사대문도 아니고 사소문에도 속하지 않는 아홉 번째 문이었다. 남소문동천의 나머지 갈래는 광희문 인근에서 갈라져 도성 안, 지금의 종로 5가 인근에서 청계천으로 합류하여 오간수문을 거쳐 빠져나간다.

복원된 이간수문

남소문동천이 빠져나갔던 이간수문은 한양도성 성곽의 일부이며, 일제강점기에 일제가 경성운동장을 세우면서 땅속에 묻었다. 이간수문은 서울특별시에서 2008년 동대문운동장을 철거하고 동대문디자인 플라자 및 동대문역사문화공원을 조성하던 중 그해 9월에 발굴되었다. 처음에는 홍예나 교각 상부 일부만 모습을 보였으나 이내 바닥까지 발굴하여 그해 11월에 전체 모습을 드러냈다. 80년 넘게 땅에 묻혀있었는데도 홍예 일부를 제외하고는 보존 상태가 양호했다.

이후 서울특별시에서 정비 복원 작업을 거쳐 2009년 10월에 일반에 공개했다. 높이는 약 4m, 길이는 7.4m이다. 하천 바닥에 선단석을 설치하고 그 위에 홍예를 얹었다. 홍예는 2칸이며, 그 주변에 화강암 석축을 구축했다. 남, 북 홍예 사이에는 물 가름을 편하게 하려고 뱃머리 모양의 물 가름돌을 두었다. 오간수문과 달리 홍예 위에는 여장이 없다.

훈련원 터와 가산

청계천 오간수교 남쪽으로는 훈련원 터와 하도감 터가 있었다. 훈련원은 조선시대의 군사시설로 병사의 무과시험, 무예 연습, 병서의 강습을 담당했다. 1392년(태조 1) 조선이 건국하여 새 관제를 반포할 때 훈련관이 설치되었다. 이는 1390년에 처음으로 무과가 설치되면서 무반에 취재(取才, 재주를 시험하여 사람을 뽑음) 및 훈련체계의 필요성이 제기되었기 때문이다.

유본예의 『한경지략(漢京識略)』을 보면, "훈련원 곁에 연자루(燕子樓)가 있는데 돌로 만든 주추가 굉장히 높다. 무과를 볼 때마다 훈련원이 선정되어 훈련원 관원이 이 다락에 올라서 화살을 배부하면 무과를 보러 온 사람들이 다락 밑에 둘러서서 화살을 받는다"라고 기록되어 있다. 그러다 이 훈련원은 1907년 한일신협약(韓日新協約)에 따라 폐지되었다.

출처: 청계천박물관(2018).

청계천 변 훈련원 터, 하도감 터

이곳 훈련원은 성웅 이순신 장군이 젊은 시절 무과시험을 치른 장소로도 유명하다. 선조 대 이순신이 무과시험을 보다가 말에서 떨어져 다리가 부러졌는데, 나뭇가지로 부목을 대고 다시 말에 올라 시험을 치렀다는 일화가 전해지는 곳이다.

1627년 네덜란드인 벨테브레(한국명 박연)가 우리나라 땅을 밟았고, 26년 뒤인 1653년(효종 4)에는 하멜 일행이 표류해 왔을 때 박연이 통역을 맡았다. 박연은 조선인 부인과 자식을 두고 61세까지 생존했다고 한다. 하멜과 박연은 3년 동안 함께 있었는데, 두 사람 다 훈련도감 소속이었으므로 훈련원에서 함께 지냈다. 하멜은 조선 생활에 적응하지 못하고 탈출하여 『하멜표류기』라는 책을 써서 당시 조선을 유럽에 소개했다(정성원, 2006).

하멜표류기(1668)

1668년에 쓰인 『하멜표류기』는 13년 28일 동안 조선에 억류되었다가 탈출에 성공한 하멜이 그동안 보고 듣고 느낀 사실을 기록했다. 책이 출간되자 프랑스·영국·독일 등 여러 나라에서 다투어 번역해 간행했다. 우리나라에 관한 서양인 최초의 저술로서 유럽인의 이목을 끌었다. 일부 사실과 다른 내용도 있지만 예리하고 세밀한 관찰을 통해 조선의 실상을 비교적 정확하고 충실하게 기록했다는 평가를 받는다.

하도감은 조선 후기 임금의 호위와 수도 방비를 담당하던 삼군문(三軍門, 훈련도감, 금위영, 어영청) 중 훈련도감에 속한 부속 관청이다. 남소문동천은 두 가닥으로 분기하는데 그중 이간수문을 통과하는 오른편 물길 하류에 하도감이 위치했다. 훈련도감은 규모가 커지면서 북영(北營), 남영(南營), 신영(新營), 하도감(下都監), 북일영(北一營), 서영(西營) 등의 군영을 두었는데 이 중 하도감은 남부 명철방(明哲坊)에게 위치하며 신식 군대인 별기군(別技軍)의 훈련장소가 되었다(청계천박물관, 2018). 동대문 오간수문 주변에는 무과시험과 군사훈련을 주관하는 훈련원을 비롯하여 훈련도감의 부속 관청인 하도감과 염초청, 그리고 어영청, 장용영 등 군사시설이 밀집해 있었다. 군병들은 생계를 위해 채소를 재배하거나 각종 수공업품을 만들어 팔기도 했다. 훈련원 곁에 텃밭이 있어서 배추를 심었는데 아주 좋아 '훈련원 배추'라는 명칭을 얻었다.

남소문동천의 하류 지역은 1919년 9월 훈련원공원으로 조성되었다. 기존에 있던 훈련원 청사는 공원 조성 과정에서 철거되었으며, 연못, 의자, 정자 등 간단한 공원시설을 갖추었다. 훈련원공원은 상류의 장충단공원과는 달리 운동시설의 비중이 높은 체육공원으로 개발되었다. 이곳에서 일제의 주도로 고종(1919), 순종(1926)의 국장(國葬)이 치러지기도 했다.

청계천 변 가산과 판잣집

훈련원 주변에는 준설하며 파낸 흙을 쌓아둔 가산(假山)이 있었다. 가산을 만드는 이유는 자연경관을 일상 생활공간 주변에 가까이 두고 즐기고자 하는 옛사람들의 소망에서 비롯되었으며, 궁궐이나 도성 안에 큰 연못이나 하천을 조성할 때 파낸 흙이 쌓여 인공 산이 되기도 했다. 가산은 자연적으로 생긴 산이 아니라 인위적으로 만들어져 조산(造山)이라고 불렀다. 경복궁 교태전 뒷산인 아미산(峨嵋山)이나 경회루 연못 가운데 있는 섬이 그 예다.

1765년에 제작된 「사산금표도(四山禁標圖)」는 도성과 성저십리 권역에서 무덤 쓰는 행위를 금지하는 금장(禁葬)과 소나무 벌목을 금지하는 금송(禁松) 경계를 표시했다. 그리고 한양도성 내 오간수문 왼쪽 청계천 변 양쪽에 가산을 조성한 것을 볼 수 있다.

풍수학적으로 땅의 기운이 허한 곳에 지기(地氣)를 북돋우기 위하여 가산을 만들기도 했다. 1398년에 종묘 앞쪽의 지세가 허하다고 해서 흙으로 산을 쌓은 것이 그 예다. 청계천 주변에는 오간수문 안쪽에 가산이 있었는데, 하나는 개천 북쪽에, 하나는 개천 남쪽에 있었다. 이 가산은 1760년 영조 때 개천을 준설하면서 하천 바닥에서 파낸 흙을 한곳에 모아 놓은 과정에서 만들어진 것이다. 서울의 내사산(內四山)이라고 하면 백악산(主山), 남산(案山), 인왕산(우백호), 낙산(좌청룡)을 말한다. 그런데 낙산은 비교적 빈약했다. 그래서 이곳 땅의 기운을 보하기 위해 동대문 옆에 가산을 만들었다고 한다(양승국, 2023).

1760년 2월, 개천을 준설할 때 개천 바닥과 양쪽 제방이 구분되지 않을 정도로 엄청난 양의 토사가 하천 바닥에 쌓였다. 그러나 하천 바닥에서 파낸 토사를 어떻게 처리할 것인지에 대하여 특별한 대책을

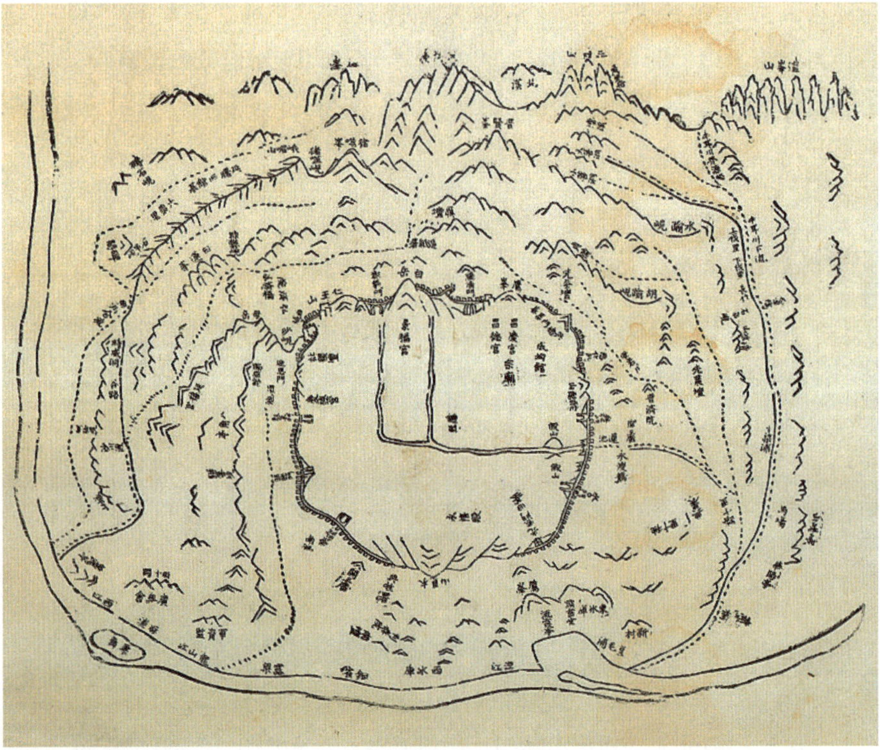

출처: 서울역사박물관.

사산금표도(四山禁標圖) 속에 그려진 가산

세우지 못했다. 개천 변에는 홍수로 제방이 무너지는 것을 방지하기 위해 버드나무를 많이 심었다. 유본학(柳本學)의 『문암집(文庵集)』 중 「오수문유제(五水門柳堤)」를 보면 오간수문 변 버드나무가 봄놀이 장소였음을 잘 표현했다(이제이 · 성종상, 2016).

> 세차게 흐르는 물살에 철문 웽웽 울리고(鐵閘喧轟水勢奔), 동풍에 버들개지 솜털처럼 훨훨 날리네(東風飛絮每紛紛). 도성 안 제일의 봄놀이 장소는(京城第一遊春處), 수양버들 우거진 오간수문이라네(無數垂楊五間水).

오늘날과 같은 운반수단이 없었던 당시로서는 엄청난 양의 토사를 멀리 옮기는 것은 거의 불가능했다. 따라서 하천 바닥에서 퍼낸 흙은 부근에 있는 낮은 가로에 쌓거나 질퍽한 큰 도로를 메우기도 했으며, 빈터나 폐가를 매입하여 쌓는 등 형편에 따라 적당히 처리하는 정도였다.

1760년 4월 준설이 끝날 무렵에 영조는 당시 원로 대신인 유척기(兪拓基, 1691~1767)에게 개천 준설공사의 성과를 물었다. 이때 유척기는 준설로 생긴 토사를 개천의 양안(兩岸)에 방치하면, 비가 올 때마다 쓸려 내려와 다시 개천을 메우게 되어, 모처럼 실시한 대역사가 헛되이 되어 버리므로 거액을 들여서라도 이 토사를 다른 곳으로 운반해야 한다고 주장했다. 이에 영조는 개천에서 준설한 수백만 석의 토사를 오간수문 부근 양안으로 옮겨서 쌓도록 했다.

그 결과 개천 양안에 커다란 흙더미가 생겼는데, 이것이 가산이다. 이때 만들어진 가산은 난지도처럼 큰 규모는 아니었지만, 당시 인공적으로 만들어진 산으로서는 상당히 컸다. 1770년 이후 발행된 고지도를 보면 오간수문 안쪽 개천 양편에 "가산" 또는 "조산(造山)"이라고 표기한 것을 볼 수 있다. 이렇게 만들어진 가산은 청계천 변에 사는 거지들의 근거지가 되었다.

가산 터 표석

본래 광교, 수표교 등 개천 다리 밑은 거지들의 공간이었다. 광교 아래에는 '광교 꼭지 까치', 수표교 아래에는 '수표교 꼭지 갈매기'가 있었다. 포도청이 이를 단속하기 위해 두목을 선정하도록 하여, 꼭지들은 모여서 총두목을 뽑았는데 그 우두머리를 '꼭지단(帥, 개수)'이라고 불렀다. 꼭지단은 청계천에서 거둔 흙으로 만들어진 조그만 산에서 살았다. 그 산이 바로 '조산'이다.

영조는 거지들이 범죄조직에 빠지지 않고 생계를 해결할 수 있도록 그들에게 뱀과 두꺼비, 지네 등을 잡아 팔 수 있는 권리를 주었다. 뱀잡이를 땅꾼이라고 부르게 된 것은 이들이 가산에서 땅굴을 파고 살았기 때문이다. 당시 거지들이 하는 일 가운데 중요한 것은 초상이 났을 때 상여를 메는 일, 초혼(招魂, 사람이 죽었을 때에 그 혼을 소리쳐 부르는 일) 부르는 일, 행려병자가 길에서 죽었을 때 시체를 수구문 밖으로 내다 버리는 일, 방상수(方相手)라 해서 상여 앞에서 창이나 가면을 들고 요사스러운 귀신을 쫓는 일 등이었다(이경재, 2002).

가산은 특별히 기초를 다져서 쌓은 것이 아니라 그냥 흙을 한곳에 모아 놓은 것에 불과했으므로 비가 오면 조금씩 깎여 내려가기도 했고, 반대로 개천을 준설할 때마다 토사가 다시 쌓이기를 반복해 완만한 언덕을 이루게 되었다. 그리고 언제부터인지 가산에 나무와 화초를 심게 되었는데, 1914년에 서울의 지명을 새로 정할 때 가산에 심어놓은 꽃향기가 좋아서 이곳을 방산동(芳山洞)이라 이름했다고 한다.

가산 역시 인구가 늘어나고, 근대적인 도시시설이 들어서면서 사라지게 되었다. 북쪽의 가산은 1898년(광무 2)에 그 자리에 전차 차고가 들어서면서 대부분 훼손되었으며, 남쪽 가산은 1918년경에 현 국립의료원 자리에 조선약학교(朝鮮藥學校)가 들어서고, 1921년에는 그 서편에 경성사범학교(京城師範學校)가 들어서면서 모두 헐렸으며, 그 흙은 종로의 도로 정비에 사용되었다고 한다. 현재 남쪽 가산 터는 청계 6가 평화시장 뒷골목에서 국립의료원을 거쳐 나오는 방산동 일대이고, 북쪽 가산 터는 동대문 종합상가가 들어서 있는 곳이다. 서울시 자료에는 청계천 변 가산과 판잣집을 다음과 같이 설명하고 있다.

조선 후기 청계천 다리 밑과 오간수문 양쪽의 가산은 거지들의 공간이었고, 아랫대는 군병 등 가난한 사람들의 주거지였다. 근대화 과정에서도 서울에 인구가 급증할 때마다 청계천은 가장 가난한 사람들에게 쉴 자리를 내주었다. 가산은 일제강점기에 사라졌으나 청계천 다리 밑에서는 해방 후기까지도 거지들이 모여 살았고, 한국전쟁 이후에는 청계천 하류 제방 위 곳곳에 토막(土幕)들이 들어섰다. 해방 직후에는 전재민(戰災民)들이, 한국전쟁 이후에는 월남민(越南民)들과 상경민(上京民)들이 청계천 변에 판잣집을 짓고 살았다. 청계천 변 판자촌은 주거지일 뿐만 아니라 시장이자 산업지대이기도 했다. 천변 사람들은 미군 부대에서 흘러나온 물건들을 사고팔았고 폐품을 재활용하여 새 상품을 만들어 냈다. 해방과 전쟁을 겪은 뒤인 산업화 과정에서 시골 사람이 서울 사람으로 바뀌고 농민이 노동자로 개조되는 전이지대(轉移地帶)였다(청계천박물관 전시자료).

1960년대까지만 해도 청계천 변에는 판잣집이 즐비했다. 대부분 다듬지도 않은 나무 기둥을 하상에 박고 그 위에 집을 짓는 등(서울특별시, 2002) 불량 주택이었기에 갖가지 진풍경이 연출되었다. 집 안에 아궁이를 설치하는 것은 물론, 화장실을 만들기도 어려워서 몇 안 되는 공중변소 앞은 아침마다 장사진을 이루었다. 난로가 과열되거나 화로가 엎어져 불이 나는 일도 잦았으며 하천 바닥에 세운 기둥에 위태롭게 의지한 집들은 홍수에 쉽게 떠내려가기도 했다. 하루 사이에 판잣집 몇 채가 사라지면, 다음 날 또 몇 채가 들어서곤 했다. 비록 열악한 환경이지만 판잣집 사람들에게 더 나은 내일을 꿈꾸며 삶을 꾸려가는 보금자리였다(청계천박물관 전시자료).

출처: 서울특별시(2002).

1960년대 청계천 판잣집

동대문역사문화공원

동대문역사문화공원은 서울특별시 중구 을지로 281(을지로7가)에 소재한 공원으로 옛 동대문운동장 자리에 역사 문화를 주제로 한 테마파크를 조성했다. 이름에 '동대문'이 들어가 있지만 이름과는 다르게 동대문구가 아닌 중구에 있다. 일제강점기인 1926년 조선총독부가 경성운동장을 세우면서 축구장과 야구장을 갖춘 곳이었으며 8 · 15 광복 후에는 서울운동장으로 이름을 바꿨다가 1984년 잠실종합운동장이 세워지면서 이름을 동대문운동장으로 바꾸었다.

축구장은 2001년에 상암동 서울월드컵경기장이 들어서면서 2003년에 폐장되었으며, 이듬해 이명박 서울특별시장의 청계천 복원책으로 옛 청계천 상점들이 이전하게 되면서 풍물시장으로 바뀌었다가 2008년에 완전히 철거되었다. 야구장은 1959년에 재개장했다가 2007년 11월에 마지막 경기를 끝내고 철거되었다.

동대문역사문화공원 공사 중에 조선시대의 치성(治城)과 이간수문이 발굴되면서 공원 조성 후 그대로 보존하고 있으며, 곳곳에서 발굴된 석물들은 따로 전시하고 있다.

동대문디자인플라자(DDP)는 '디자인 · 창조산업의 발신지'를 표방하는 복합 문화공간이다. 2007년 '디자인 서울 계획'에 따라 역사문화와 디자인이 조화된 관광지를 설치할 목적으로 시작하여 2014년 3월 현재 건물의 모습을 갖추게 되었으며, 쇼핑 시설을 겸한 전시장으로 운영하고 있다. 세계적 건축가 자하 하디드가 설계해 2014년 개관한 DDP는 『뉴욕타임스』가 뽑은 '2015년 꼭 가봐야 할 명소 52곳'에 선정됐고, 2015년 인스타그램 국내 최다 장소 태그로 뽑힐 만큼 인기가 높다.

동대문디자인플라자(DDP) 조형물

DDP는 동대문 패션타운 관광특구 내에 있는 복합 문화 공간으로, 각종 전시, 패션쇼, 신제품 발표회, 포럼, 콘퍼런스 등 다양한 문화 행사를 진행하고 있다. DDP는 디자인 · 패션 산업의 발신지 역할을 수행하기 위해 디자인 트렌드가 시작되고 문화가 교류하는 장소로서 세계 최초 신제품과 패션 트렌드를 알리고, 새로운 전시를 통해 지식을 공유하며, 다양한 디자인 체험이 가능한 콘텐츠를 운영하고 있다.

맑은내다리와 청계천 물 이야기

오간수교를 지나면 인도교인 '맑은내다리'가 나오는데, 청계천을 순우리말로 바꾼 것이다. 청계천을 복원하면서 2005년 9월 30일에 폭 13.5m, 길이 26.3m로 준공되었으며 청계광장 기준으로 청계천의 15번째 다리다. 종로구 창신동 430번지와 청계 7가 신당동 213번지 사이, 즉 동대문종합시장 B동 신발 도매 상가와 중구 신당동 동평화 패션타운 사이에 있다. 아치 구조와 크로스 케이블로 연출한 사장교 형식으로, 나비의 힘찬 비상과 패션 중심지의 상징성을 부여했다.

지금은 말끔하게 정비되었지만 1960년대에 삼일아파트가 들어서면서 청계천의 산업화도 가속화되었다. 당시 삼일아파트는 3 · 1빌딩, 세운상가 등과 함께 서울을 대표하는 근대화의 상징이었다. 삼일아파트는 1969년 청계천 양옆 종로구 창신동과 중구 흥인동에 각각 12개 동씩 총 24개 동 1,243가구가 완공되었다. 아파트 명칭은 아파트가 완공된 1969년이 3 · 1운동 50주년이어서 삼일아파트로 정했다.

맑은내다리 전경

삼일아파트는 저소득층을 위한 11평 규모의 시민아파트로 1~2층은 상가, 3~7층까지는 주거 공간인 주상복합아파트였다.

정부는 1967년 제2차 경제개발 5개년 계획을 수립하여 삼일아파트 건설계획을 포함했는데, 그 내용은 1969년부터 1971년까지 대도시 불량지구를 개발하여 시민아파트 2,000가구를 공급한다는 것이었다. 삼일아파트는 1960년대 이후 서울 도심의 도시화, 변화상을 상징한다.

출처: 서울연구데이터베이스.

2000년 철거되기 전 삼일아파트 모습

삼일아파트는 청계천 변 판자촌에 거주하던 철거민을 수용하는 한편 수출주도형 산업화의 전진기지로 부상한 평화시장의 생산, 유통 권역을 확장하는 계기가 되었다. 이제는 삼일아파트의 흔적을 찾을 수 없다. 2003년 청계천이 복원되기 시작하면서 대부분 철거됐기 때문이다. 그나마 창신동 구역은 2005년 3~7층 아파트 부분만 철거하여 1~2층 상가는 남아 있다. 시민아파트가 없어진 자리는 구민체육센터나 공원, 고급 주상복합 아파트 등으로 바뀌었다(고성민, 2021).

동대문 패션타운 관광특구

동대문 패션타운 관광특구는 서울의 중심부에 전통 재래시장과 현대식 쇼핑몰이 공존하는 세계 최대 규모의 의류 패션산업 집적지다. 동대문시장의 도소매 상가로 구성되어 한때 '잠자지 않는 패션시장'으로 불렸다. 24시간 도소매 쇼핑이 가능하고 대중교통 이용이 편리하여 내 · 외국인 관광객들이 즐겨 찾는 서울의 대표적인 쇼핑 · 관광명소이다. 초창기 동대문시장은 동대문에서 서쪽으로 평화시장까지 약 1km에 뻗어있는 일대를 가리켰으나 지금은 동대문에서 동쪽으로 약 1km에 걸친 지역까지를 포괄적으로 말한다.

동대문 패션타운 관광특구는 2002년 5월 23일 문화체육관광부에 의해 지정되었으며, 서울 중구에 있는 동대문운동장 주변 신흥 도매상가와 재래시장 일대 약 586,000㎡(약 17만 평)의 면적이다. 상가 수는 31개로 전통 재래시장 12개, 신흥 도매상가 11개, 복합 쇼핑몰 8개에 35,000개 점포가 있다. 연간 외국인 관광객 수는 800만 명에 이르며, 1일 총매출액은 약 500억 원 규모이다. 2025년 5월 현재, 동대문 패션타운 관광특구의 상가 수, 점포 수, 주력 품목은 다음과 같다.

청계천 패션타운 관광특구 현황

구분	상가 수	점포 수	주력 품목	상가명
전통 재래시장	12	12,500	종합의류, 원단, 가죽, 신발, 가방, 액세서리 등	광희, 남평화, 동평화, 평화, 신평화, 청평화, 제일평화 등
신흥 도매상가	11	7,000	의류, 액세서리 등	골든타운, 누죤, 디자이너 클럽, 서평화, APM 등
복합 쇼핑몰	8	15,000	엔터테인먼트 쇼핑몰	두타, 밀리오레, 현대시티아울렛 등
기타	-	500	스포츠 관련 용품, 패션 관련 업종	지하상가, 일반상가 등
계	31	35,000		

출처: 동대문패션타운관광특구협의회(www.dft.co.kr).

동평화 패션타운 건물

1962년 평화시장의 개설을 기점으로 현대식 패션상권이 형성되기 시작하여, 1990년대에 들어서 아트프라자, 누죤, APM 등 현대식 도매상가들이 연속해서 세계 유일의 야간 패션시장을 오픈했다. 상가들은 경쟁적으로 디자인을 강조한 패스트패션(fast fashion)을 국내외에 공급하여 동대문패션의 전성기를 열었다.

1990년대 후반기부터는 상권 서쪽에 프레야타운(현 현대시티아울렛), 밀리오레, 두타, 헬로APM과 같은 패션 전문 복합 쇼핑몰들이 속속 문을 열면서, 다양한 이벤트와 젊음이 넘치는 문화, 관광 해방구의 역할을 추가하여, '동대문시장'의 기능과 범위가 확대되었다.

출처: 동대문패션타운관광특구협의회(www.dft.co.kr).

동대문 패션타운 관광특구 위치도

3 영도교에서 무학교까지

영도교 이야기

영도교는 서울특별시 종로구 숭인동과 중구 황학동 사이 청계천에 있는 다리다. 구체적으로는 청계 7가와 8가 중간, 즉 황학동에서 숭인동 숭신초등학교와 동묘로 나가는 교차로에 있다. 언제 세워졌는지는 확실하지 않지만, 조선 초에 만들어진 것으로 추정한다. 처음에는 왕심평대교(旺尋坪大橋)라고 하여, 서울 흥인지문을 거쳐 왕십리 · 뚝섬 · 광나루로 가기 위해서는 반드시 건너야 하는 다리였기 때문에 통행량이 많았다. 조선 성종 때 영도사(永導寺, 지금의 안암동 개운사)의 비구니를 동원해 돌다리로 개축한 뒤, 왕이 직접 영도교라는 어필(御筆)을 내린 이후부터 영도교라고 불렀다.

영도교

17세기 말에 그려진 「자도성지삼강도(自都城至三江圖)」에는 청계천이 왕십리를 감고 돌아가는 위치에 영도교가 표기되어 있다. 영도교는 조선시대 왕십리 지역과 도성 안 지역의 밀접한 연결고리였다.

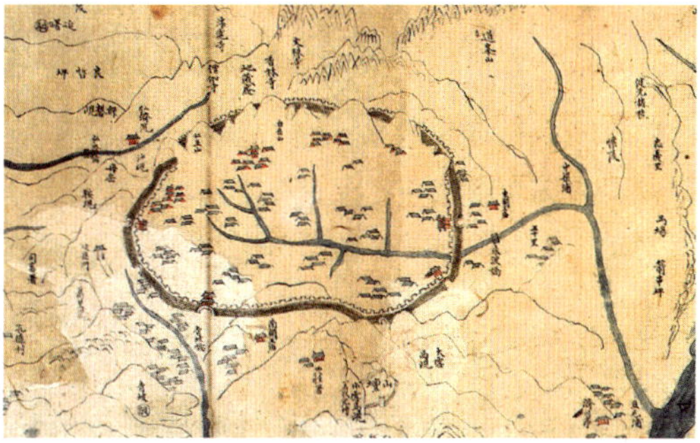

출처: 규장각한국학연구원.

자도성지삼강도(自都城至三江圖)

1458년(세조 4) 단종(端宗)이 왕위를 빼앗기고 노산군(魯山君)으로 강등되어 강원도 영월로 귀양갈 때 그의 비(妃) 정순왕후(定順王后) 송씨가 이 다리까지 따라와 영영 이별한 곳이라 하여 영이별다리, 영이별교, 영영건넌다리 등으로 불렀다는 이야기도 전해진다. 뒤에 붙은 영미교(永尾橋) 역시 영이별교가 변음(變音)된 것으로 추정한다. 고종 때는 흥선대원군이 경복궁을 중건하면서 다리의 석물을 궁궐에 쓰는 석재로 징발함에 따라 나무다리로 바뀌었는데, 이 나무다리들이 장마 때마다 유실되곤 하여 띄엄띄엄 징검다리를 놓아 건너다니면서 한때는 '띄엄다리'라는 명칭이 붙기도 했다. 1933년에는 나무다리를 헐고 콘크리트로 교체 공사를 할 때 교각 하부 구중(溝中)에서 관음보살목각좌상이 출토되기도 했다. 2005년 청계천이 복원되면서 영도교를 새로 놓았다.

단종과 정순왕후 이야기

영도교에서 동묘를 거쳐 동망정이 있는 정순왕후 기념 공원을 지나 정업원 터와 청룡사까지 따라가며 단종과 정순왕후의 이야기를 들을 수 있다.

단종비 정순왕후는 성품이 공손하고 검소해 가히 종묘를 영구히 보존할 수 있는 인물이라 하여 간택되었는데, 그 배경에는 고모가 영응대군의 부인이라는 점이 크게 작용했다. 1454년 2월 19일(음력 1월 22일)에 열넷의 나이로 한 살 연하였던 단종과 혼인하여 왕비에 책봉되었다. 단종이 왕위를 빼앗기자 왕비에 책봉된 지 3년 만에 폐비가 되어 궁궐 밖으로 쫓겨났다. 남편 단종이 강등되면서 군부인(君夫人)으로 격하되었다가 관비가 되었다.

친정마저 풍비박산 나자 그는 동대문 밖 숭인동 청룡사 근처에 초암을 짓고 시녀들과 함께 살았다. 송씨는 시녀들이 동냥해온 것으로 끼니를 잇고 염색업을 하며 어렵게 살았는데, 이를 안 세조가 집과 식량 등을 내렸으나 끝내 받지 않았다. 한편, 그를 가엾게 여긴 동네 여자들이 조정의 눈을 피해 그의 집으로 먹을 것을 건네주고자 시장을 조직하는 일도 있었다. 풍물시장에 가면 '여인시장 터'라는 표석이 세워져 있다.

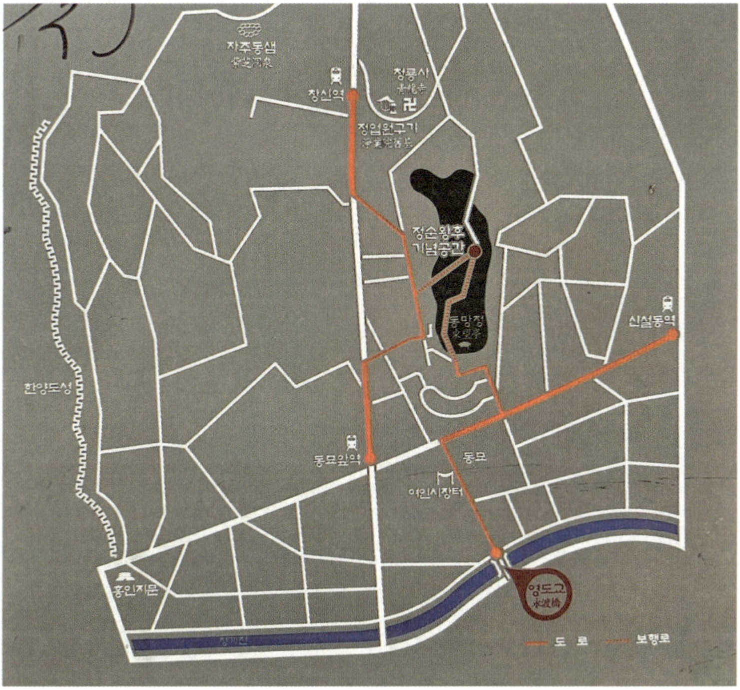

출처: 서울특별시.

영도교에서 청룡사까지의 정순왕후 이야기길

낙산 근처에 가면 청백리 유관이 살던 비우당을 복원해 놓았는데, 그 뒤쪽에 자지동천(紫芝洞泉)이라는 샘이 있다. 자지(紫芝)란 자줏빛을 띠는 풀이름을 말한다. 낙산의 화강암 바위 밑에 샘물이 흘러나오길래 그 물에 명주를 담갔더니 자주색 물이 들었다고 한다. 정순왕후는 이곳 샘물에서 지초(芝草)로 옷감에 물을 들여 호구지책으로 삼았다. 현재 창신동 쌍룡 2차 아파트 부근 낙산공원에 비우당이란 초가집에 가려져 있는 바위에 '자지동천'이라는 글자가 새겨져 있다. 지금은 물이 말랐지만, 샘물터는 남아 있다.

자주동천 표석

단종과 이별한 정순왕후는 정업원에서 지내면서 평생 단종을 그리워하다 82세(중종 16)의 나이로 승하했다. 종로구는 정순왕후의 삶을 기리기 위해 숭인근린공원 내 정순왕후 기념 공간을 만들었다. 영도교에서 동묘를 거쳐 동망정이 있는 정순왕후 기념 공간을 지나면 정업원구기(淨業院舊基) 터와 청룡사로 갈 수 있다. 정업원구기비는 영조가 단종비의 옛일을 되새기기 위해서 세운 비석이다. 정업원은 비구니 절인데, 출궁(出宮)한 궁녀들이 이곳에서 비구니가 되었기에 업을 정화한다고 정업원이라고 했다.

정업원 터 동쪽에 솟아있는 동망봉은 정순왕후가 정업원에 거처하면서 조석으로 이곳에 올라 멀리 동쪽의 영월을 바라보면서 단종의 명복을 빌었다고 한다. 후일 영조가 친히 동망봉(東望峰)이라는 글씨를 써서 바위에 새기게 했다. 일제강점기 때 동망봉 근처 지역이 채석장이 되면서 그 바위는 깨어져 나가버렸다.

2011년 현재 서울 종로구 낙산 근처인 이곳 동망봉 남쪽에는 동망정이라는 정자가 들어서 있다. 64년의 긴긴 세월을 홀로 살아가던 정순왕후는 죽어 경기도 양주군 군장리(群場里, 현재의 남양주시 진건읍 사릉리)에 매장됐다. 단종과 그의 복위로 종묘에 배향되면서 능호를 사릉(思陵)이라 했는데 이는 억울하게 살해된 남편을 사모(思慕)한다는 뜻에서 지은 것이다. 그의 묘소 뒤편에 심은 나무들이 단종의 능인 장릉 쪽을 향해 고개를 숙여 자란다는 전설이 한때 전해졌다.

관우사당 '동묘'

영도교에서 북쪽으로 가다 보면 동묘를 발견할 수 있다. 동묘는 삼국지의 영웅인 관우 장군을 모시는 사당이다. 임진왜란 후인 1601년(선조 34)에 세워졌다. 정식 명칭은 동관왕묘(東關王廟)이고 '서울의 동쪽에 있는 관왕묘'라는 뜻이다. 관양묘는 중국의 장수 관우(關羽, 162~219)의 조각상을 두고 제사를 지내는 사당이다. 임진왜란 때 우리를 도와준 명나라의 요청으로 지은 것인데, 유본예의 『한경지략』에는 명나라 조정에서 무신 만세덕(萬世德)을 시켜 구리 4천 근을 들여 사당을 세웠다고 기록되이 있다. 당시 명나라의 요구는 "관공의 신

동묘 전경

령은 본래 중국에서 저명했지만, 왜적을 평정하는 데도 관우의 신령이 나타나서 덕을 보았으니 조선에서도 마땅히 시축(尸祝)하게 하라"는 것이었다(유본예, 2016). 그리고 명나라 신종이 직접 쓴 "현령소덕관공지묘(顯靈昭德關公之廟)"라는 현판을 달았다. 이후 1747년 영조는 "현령소덕왕묘(顯靈昭德王廟)"라는 현판을 직접 써서 걸었다(신정일, 2019).

명나라에서는 공자의 제사를 지내는 사당인 문묘(文廟)처럼, 관우의 제사를 지내는 사당을 무묘(武廟)라 하여 크게 숭배했는데, 우리나라에서도 조선시대 후기에 무묘를 많이 지었다. 관왕묘는 서울의 동서남북 사방에 있었는데 그중 동관왕묘가 제일 규모가 크고 화려했다.

동묘 안에 들어가면 '하마비'가 있다. 신분 고하를 막론하고 모두 말에서 내려야 했다. 하마비 옆에는 '금잡인(禁雜人)'이라는 비석을 세워 관계없는 사람이 함부로 드나들지 못하도록 하여, 이곳이 신성한 공간이었음을 느낄 수 있다. 정전에 들어가면 황금빛 관우 동상이 있다. '동관왕묘 금동관우좌상(東關王廟 金銅關羽坐像)'이라고 하는데, 이 좌상은 조선과 명나라의 장인들이 동원되어 1601년에 완성했다.

동묘의 '금잡인' 비석과 '대소인원개하마(大小人員皆下馬)', 즉 하마비

동묘는 중국풍 제사 시설로 역사적 가치를 지닌 곳이기도 하다. 동관왕묘의 중심 건물은 두 개의 건물이 앞뒤로 붙어 있는데, 이것은 중국의 절이나 사당에서 흔히 볼 수 있는 구조이다. 지붕은 높은 정(丁)자 모양과 일(一)자 모양이 합쳐진 공(工)자 모양이다. 실내 공간도 앞뒤로 나뉘어 있는데, 앞은 제례를 위한 전실이고 뒤는 관우와 부하 장군들의 조각상을 둔 본실이다. 전실과 본실을 감싼 벽돌벽의 바깥에는 다시 기둥을 두어 처마를 받치고 있다. 넓은 벽돌벽과 독특한 지붕 모양, 조각상, 실내외 구성과 장식 등에서 중국풍 건축의 모습을 보여주는 17세기 제사 시설로 중요한 역사적 가치를 지닌 곳이다.

동묘 옆 벼룩시장

지하철 동묘앞역 종로 쪽 대로변만 빼놓고 동묘 담장 3면에는 각종 물건을 파는 벼룩시장이 펼쳐져 있다. 동묘 담장을 둘러싼 노점상들은 길바닥에다 온갖 물건들을 펼쳐 놓았는데 만물상이 따로 없다. 노인을 대상으로 영업하는 매장이 많고 의류나 신발, 옛 카세트 플레이어, 그리고 각종 보양식품과 온갖 주전부리 등이 대표적이다.

조선시대 동묘 인근에는 시장이 형성되어 있었고 가축시장도 있었으나 지금은 모두 없어졌다. 현재 상권은 청계천 일대 도시개발과 관련이 있다. 특히 2003년부터 2005년까지 진행된 청계천 복원사업으로 철거된 노점상 중 일부가 동대문운동장 내 벼룩시장으로 이전했는데 이때 동대문운동장에 들어가지 못한 일부 노점상이 동묘 인근으로 옮겨 온 게 시작이었다.

다산교와 청계천 빨래터(청계 5경)

다산교는 중구 흥인동 1번지와 종로구 창신1동 401번지 사이 청계천에 있는 다리다. 정약용의 호를 따서 붙인 다산로로 이어지는 다리인 데서 다산교라고 했다. 폭 44.4m, 길이 29.5m로 청계천이 복원되면서 2005년 9월 30일에 준공되었다(서울역사편찬원, 2009).

다산교와 영도교 사이에는 빨래터가 조성되었다. 청계천 다산교를 지나면 넓적한 돌이 다수 포진했다. 이는 청계천이 과거 빨래터로

청계천 빨래터

사용됐던 것을 증명하는 흔적이다. 1924년 경성부는 청계천 세 곳에 공설 빨래터를 세울 예산을 책정한 적이 있다. 첫 번째는 청계천 상류인 누상동이나 누하동 부근, 두 번째는 청계천의 지천인 중학천이 흐르는 삼청동이나 팔판동 부근, 마지막으로 장충단 부근이나 공업전문학교 부근을 후보지로 했다(박경룡, 2015). 1920년대 사진을 보면 청계천에서 빨래하는 모습과 어린이들이 멱을 감던 모습을 찾을 수 있다. 1930년대에 월간지 『조광(朝光)』에 발표된 박태원의 소설 「천변풍경」을 보면 시골에서 막 상경한 아낙과 빨래터 주인과의 대화를 통해 당

출처: 이자영(2015).

청계천 빨래터

시 빨래터의 상황을 묘사했다. 바로 빨래터가 무료가 아니라 유료로 운영되었다는 점이다. 당시 빨래터는 자리를 선점한 사람에게 돈을 지불하지 않으면 안 되는 상업적 공간이었다(채호석, 2006, 이자영, 2015).

6.25 전쟁 전후까지만 해도 청계천 물줄기 양쪽에는 빨래터들이 남아 있었다. 평상시에는 빨래하기에 어려웠으나 큰비가 와서 더러운 쓰레기들이 씻겨 나가고 맑은 물이 흐르면 인근의 여인들이 빨랫감을 들고 몰려와 세탁했다. 사람들은 묵혀두었던 빨랫감과 빨래를 삶을 가마솥을 들고 개울가로 와 넓적한 돌을 찾아 빨래판을 마련하고 그

위에 빨래를 얹고 힘차게 문지르거나 방망이로 내리치며 수다를 떨기도 했다고 전해진다. 또한 아이들의 물놀이 장소로 서울 사람들에게 좋은 휴식처가 되었다.

황학교와 서울풍물시장

황학교는 중구 황학동 762번지와 종로구 숭인 제2동 1435번지 사이 청계천 난계로에 있는 다리다. 옛날 이곳 논밭에 황학(黃鶴)이 자주 날아왔었다는 전설에 따라 동명이 황학동(黃鶴洞)이 되었고 다리 이름도 동명에서 비롯되었다. 청계천 복원공사와 함께 건설되었는데 폭 30.6m, 길이 45.1m로 2005년 9월 30일 준공되었다.

황학교

과거 황학동은 서울의 사대문 가운데 하나인 동대문의 바깥에 위치해 주로 논과 밭으로 이루어졌다. 여기서 채소를 생산해 서울 주민들에게 공급했다. 그러나 해방과 한국전쟁 이후 오갈 곳 없는 피란민들이 청계천 주변으로 몰려들면서 판자촌이 급속도로 형성되었다. 이들이 생계를 위해 노점과 고물상을 시작한 것이 황학동시장의 시작이다(이경덕 · 박재영, 2016).

지금은 청계 8가 부근에 서울풍물시장으로 부르는 벼룩시장이 있다. 이 시장은 한국전쟁 이후 사회의 재건과 새마을운동 같은 도시화 과정에서 쏟아져 나온 골동품을 전국적으로 수집해 판매했다. 도심에는 백화점과 종합시장이 들어섰지만, 황학동은 서민들의 값싼 중고품에 대한 수요와 도심 주변 시장과 연계되어 유통의 마지막 통로로 자리 잡았다.

벼룩시장은 1970년대까지는 골동품, 1980년대부터는 중고품 등으로 주력 물품이 바뀌면서 더욱 발전했다(청계천박물관, 2020). 1980년대에 아시안게임과 올림픽을 앞두고 도시 정비가 이루어지면서 골동품을 다루던 점포들이 장안평(답십리)으로 대거 이전했고, 그 자리를 중고품을 판매하는 점포와 노점들이 메웠다. 그리고 2000년대 초반 청계천 복원 공사가 이루어지면서 2003년에 폐쇄된 동대문운동장 축구장으로 옮겨 동대문 풍물 벼룩시장을 개설했다(이경덕 · 박재영, 2016).

황학동 벼룩시장은 중고품의 대명사이며, 개미시장, 도깨비시장, 만물시장, 고물시장 등으로 불렸다. 청계천 복개 후 흩어졌던 판자촌 사람들까지 다시 돌아오고 삼일아파트가 들어서면서 황학동 일

황학동 벼룩시장

대는 벼룩시장의 중심지가 되었다. 청계천 복원사업 이전인 2000년대 초반까지 발 디딜 틈이 없을 정도로 많은 사람이 몰렸고, 중고품들은 첩첩이 쌓여 있었다. 청계천 변 황학동에서 번성했던 벼룩시장은 청계천 복원사업 이후 일시 부침을 겪었지만, 동묘와 서울풍물시장까지 확대되어 이제 한국의 대표적인 벼룩시장의 거점이 되었다.

소망의 벽(청계 6경)과 리듬벽천

황학교와 비우당교 사이의 하천 양쪽에 청계 6경으로 선정된 '소망의 벽'이 있다. 2005년 10월 1일 청계천 복원사업에 찬동한 서울시민은 물론 전 국민, 그리고 해외에서도 희망자 2만 명이 참가하여 만든 기념물(monument)이다. 참가자들은 자신의 소망과 소원을 그림으로 그려 타일에 새겼다. 주된 내용은 남북통일, 세계평화, 가족의 건강, 어린이들의 꿈과 희망 등이었다. 이들의 소망이 담긴 타일 한 개의 크기는 가로세로 10cm였으며, 2만 개가 모인 소망의 벽은 남북 양측 50m 구간에 높이 2.2m에 달한다.

소망의 벽

청계 8가 황학교에서 비우당교로 가다 보면 높이 5m, 폭 20m의 대리석으로 된 '리듬벽천(壁川)'을 볼 수 있다. 리듬벽천은 벽면 위에서 흘러내리는 물줄기와 색색의 조명이 조화로운 수경시설이다. 높이 5m의 대리석 벽에 검은 타원형의 돌을 박아 물고기가 물을 타고 거슬러 올라가는 모습을 형상화한 이 조형물에는 빨강, 파랑, 초록 등 5가지 색깔이 혼합된 282개의 LED 조명이 설치돼 밤의 운치를 더한다.

리듬벽천

비우당교와 류관의 우산각 일화

비우당교는 동대문구 신설동 100번지와 성동구 상왕십리동 12번지 사이 청계천에 있는 다리다. 조선 중기 실학자인 지봉(芝峰) 이수광(李睟光, 1563~1628)이 이곳에 작은 집을 짓고 당호를 비우당(庇雨堂)이라고 하여 많은 사람이 그의 청빈한 삶을 본보기로 삼았다고 한다. 이에 청계천을 복원하면서 청빈의 정신을 살려 다리 이름을 비우당교라고 했다. 폭 26.5m, 길이 44.6m로 2005년에 준공되었다.

비우당교

비우당은 조선의 실학자인 지봉 이수광이 살던 집으로, 그는 이 집에서 『지봉유설』을 지었다고 한다. 비우당은 아주 작은 초가집으로, 조선 사대부의 청빈함을 느낄 수 있다. 비우당은 원래 이수광의 외가

쪽 5대조인 류관이라는 사람이 살던 집이다. 세종 때 우의정을 지냈던 하정 류관(柳寬, 1346~1433)은 황희, 맹사성과 함께 선초삼청(鮮初三淸, 조선 초 세 명의 청백리)으로 불린다. 그가 죽자 세종은 문무백관을 거느리고 흥인지문으로 나가 친히 제사를 지냈다.

청백리 류관의 모습을 잘 드러내는 일화가 전해오고 있다. 집 천장에서 비가 줄줄 새자 류관은 방에서 우산을 펴고 지냈다고 한다. 이 일화로 당시 이 터에 있던 집을 우산각이라 불렀다. 류관의 4대손인 이희검(李希儉, 1516~1579)도 이 집에 살았는데, "옷은 몸을 가리는 것으로 족하고 음식은 창자를 채우는 것으로 족하다"고 할 정도로 청렴했다(정성원, 2006).

그 후 이수광의 아버지가 집을 물려받았는데 임진왜란 때 불타 없어진 것을, 이수광이 다시 짓고 비우당이란 이름을 붙였다. 비우당이란 '근근이 비를 가리는 집'이란 뜻이다. 선조인 하정 류관의 뜻과 정신을 잊지 않고 기리기 위해서였다. 이수광 역시 청빈하기가 이루 말할 수 없었던 사람이라고 한다. 그가 죽은 후 선비들은 이수광의 청빈함을 배우기 위해 이 집을 자주 찾았다고 한다. 특히 과거시험 때가 되면 지방에서 과거를 보기 위해 올라온 선비들이 꼭 둘러보는 집이 두 채가 있었는데, 하나는 판서까지 지낸 남산의 홍귀달(洪貴達, 1438~1504)의 집인 '허백당'과 이수광이 살던 '비우당'이었다고 한다.

비우당은 낙산 동쪽 상산의 한 줄기인 지봉(芝峯) 아래 있었는데,

이수광의 호 '지봉'이 여기에서 나왔다. 원래는 창신동 쌍용 2차 아파트 자리에 있었는데, 서울시에서 낙산공원을 조성하면서 현재의 자리에 복원했다.

비우당

| 4부 |

청계 생태길

1 무학교에서 고산자교까지

무학대사의 전설을 담은 무학교

무학교는 동대문구 용두2동 255번지와 성동구 하왕십리동 596번지 사이 청계천 무학로에 있는 다리다. 조선시대 무학대사(無學大師, 1327~1405)가 도읍을 정하기 위해 지리를 살피던 중 왕십리 지역까지 왔으므로 도로명을 무학로라고 했고, 여기서 다리 이름이 유래되었다. 무학교는 2005년 9월 30일 청계천을 복원하면서 폭 34.8m, 길이 43.6m로 준공되었다. 무학교 주변에는 청계벽산아파트 등 초고층 아파트들이 들어서 있으며 경관 가치도 우수하다.

무학교와 주변 고층 아파트

하늘물터(존치교각, 청계 7경)

비우당교를 지나면 2013년 7월 서울미래유산으로 지정된 청계천 존치 교각(일명 '하늘물터')을 볼 수 있다. 이 존치교각은 2000년대 청계천 복원공사에서 청계천을 덮고 있는 다리를 철거하는 과정에서 근대 서울의 역사적 상징성과 청계천 복원의 의미를 부여하고자 철거 당시 비우당교와 무학교 사이의 교각 3기를 남겨 둔 것이다. 이 존치교각은 '청계 7경'으로 선정되었으며, 2013년 7월에는 서울미래유산 제248호로 지정되었다.

하늘물터(존치교각)

1967년 8월 15일 삼일고가도로의 기공식 이후 1969년 3월 22일 삼일로에서 용두동까지의 구간이 개통되었다. 삼일고가도로는 1969년 개통 후 청계천 복개와 연장 공사를 거쳐 1976년 7월 남산 1호터널 입구에서 광교를 지나 마장동에 이르는 도로로 최종 건설되었다. 1984년 11월 청계고가도로로 명칭이 변경되었다.

청계고가도로는 서울 도심 교통난 해소의 한 축을 이루었으나, 2000년대에 들어 노후화로 인한 안전 문제가 대두되며 2002년 7월부터 대형차의 진입이 금지되었고, 2003년 7월 1일 철거를 시작하여 같은 해 8월 30일 철거가 완료되었다.

두물다리와 청혼의 벽

비우당교를 지나 청계천박물관으로 가기 전에 두물다리가 보인다. 성동구 마장동 527번지와 동대문구 용두2동 129번지 사이 청계천에 있는 다리로 폭 3~8m, 길이 43.8m로 건설했다. 두물다리가 놓인 곳은 과거 청계천과 지류인 정릉천이 합류하는 지점으로 이름도 '두 개의 물이 만나는 다리'라는 뜻이고 다리 모양도 서로 만나는 형상이다. 이러한 이유로 두물다리 바로 옆에는 청혼의 벽이 설치되어 있다. "청계천에서 아름다운 사랑을 만드세요"라는 글귀가 인상적이다.

두물다리와 청혼의 벽

청계천 판잣집 '도시 오아시스'

두물다리를 지나 청계천과 정릉천이 합류하는 판잣집 주변에는 여러 조류가 몰려들 정도로 생태적으로 건강한 수질을 유지하고 있다. 청계천박물관 앞에는 청계천 판잣집 테마존으로 '도시 오아시스(Urban Oasis)' 건물이 들어서 있다. 600년 동안 서울을 흐르며 진정 피난민들의 터전이 되고 복개되어 모습을 감추기도 했던 청계천은 이제 생태하천으로서 도시 속의 오아시스 역할을 하고 있다.

판잣집 테마존은 2008년 조성된 1960~1970년대 생활상 체험 공간으로 시대의 요구에 따라 외관을 유지하여 '추억'을 보존하는 동시에 청계천 본연의 정체성에 부합하는 '자연, 생태' 및 '지속가능성'을

청계천 판잣집 '도시 오아시스'

표현하고, 청계천의 미래 가치를 시민들에게 알리는 공간이다. 2022년 '도시 오아시스'로 재탄생했다.

청계천박물관 둘러보기

청계천 생태길의 핵심은 뭐니 뭐니 해도 청계천박물관을 들 수 있다. 청계천박물관은 2005년 9월 26일에 문을 열었다. 건물 정면은 긴 유리 형태로 2005년 10월 1일 우리 곁에 들어온 청계천의 물길을 상징한다. 청계천박물관은 지상 4층~지하 2층의 1,728평 규모로 상설전시실과 기획전시실, 교육실, 소강당 등을 갖추어 청계천의 역사, 문화 그리고 미래를 전시하고 있다. 청계천의 과거와 현재를 살펴보고 미래를 가늠하기 위해서는 지식창고인 청계천박물관을 꼭 방문할 것을 권하고 싶다.

청계천박물관

청계천박물관 상설전시실은 4개로 이루어졌는데 상설전시실 1은 '개천시대'로 조선의 수도 한양의 중심으로 가로지르던 개천이 도심 하천으로서의 역사를 시작하는 내용을 다룬다. 상설전시실 2 '청계천, 청계로'는 청계천 물길이 복개되어 도로가 되는 과정의 역사를 다룬다. 청계천 발원지인 인왕산 백운동천, 천변 한양 사람들의 삶, 청계천 변 중촌 이야기 등이 있다. 상설전시실 3 '청계천 복원사업'은 1990년대 후반 성장과 개발 대신 생태환경과 역사문화의 보존이 중요한 가치로 등장하면서 청계천 복개도로와 청계로의 철거와 청계천의 되살림 모습을 다루고 있다. 상설전시실 4 '복원 후'는 청계천 복원사업 완료 후 서울시민들의 삶 속에 자리 잡아 온 10년간의 변화상을 살펴보는 공간이다.

청계천박물관 내부 전시 현황

전시자료를 유심히 살펴보면, 청계천이 조선 개국 전 '자연하천'에서 개국 후 600년간 '생활하천'으로 변모했다가, 일제강점기와 산업화 시대에 '오염하천'으로 변질하고 2000년대 청계천 복원을 통하여 비로소 '생태하천'으로 탈바꿈하는 데 성공했음을 터득하게 해준다. 이와 관련하여 2023년에는 환경 프로젝트 '우리 모두 함께'라는 체험 프로그램을 운영하기도 했다.

청계천박물관 개관을 계기로 서울시는 '수월래(水wall來) 스탬프

투어'를 운영하고 있다. 이는 한양도성박물관~청계천박물관~수도박물관~서울하수도과학관을 잇는 프로그램으로 인접해 있는 박물관을 방문하여 서울의 역사와 문화를 보고 배우고 경험하는 것이다. 수월래는 인류무형문화유산으로 등재된 '강강술래'의 구어체적인 강강수월래를 연상하여 원무를 도는 민속놀이처럼 박물관 순례에 참여할 수 있도록 이름을 지었다.

출처: 서울아리수본부 홈페이지.

서울수도박물관 전경

수도박물관은 성동구 왕십리로 27에 위치하며 우리나라 최초의 정수장인 뚝도수원지 제1정수장 시설물을 기반으로 2008년 개관한 상수도 전문 박물관이다. 상수도 관련 기술이 어떻게 성장하고 발전했는지를 전달하고, 물과 환경을 주제로 한 다양한 체험학습 프로그램을 함께 운영하고 있다. 서울하수도과학관은 성동구 자동차시장3길 64에 자리하고 있으며, 우리나라 최초의 하수도를 테마로 한 과학관으로서 하수도의 역사와 과학을 알리고자 2018년 개관했다. 주요 시설은 상설 전시실, 어린이전시실, 정보도서실, 하늘마루 등이 있다.

출처: 서울아리수본부 홈페이지.

서울하수도박물관 전경

청계천의 복원 과정

청계천박물관을 가면 청계천의 역사와 복원 과정을 잘 볼 수 있다. 청계천은 길이 10.84km, 유역 면적 59.83㎢이다. 백악산 · 인왕산 ·

낙산 · 남산 등으로 둘러싸인 서울 분지의 모든 물이 여기에 모여 동쪽으로 흐르다가 왕십리 밖 살곶이다리(箭串橋) 근처에서 중랑천(中浪川)과 합쳐 서쪽으로 흐름을 바꾸어 한강으로 빠진다. 본래의 명칭은 개천이었다.

조선의 한양정도(漢陽定都) 당시 청계천은 자연하천 그대로여서 홍수가 나면 민가가 침수되는 물난리가 일어났고, 평시에는 오수가 괴어 매우 불결했는데, 태종이 개거공사(開渠工事)를 벌여 처음으로 치수 사업을 시작했다. 그 후 영조 때에는 준설, 양안석축(兩岸石築), 유로변경 등 본격적인 개천 사업을 진행했다. 이 공사로서 내의 흐름이 비로소 직선화되었다.

순조 · 고종 때에도 준설공사는 계속되었는데 이때 개천에 놓인 다리는 수표교, 오간수교, 광교, 영미교, 관수교 등 모두 24개가 있었다. 국권피탈 후 일제강점기 초에는 근대적 도시계획의 성격을 띤 대대적인 준설공사가 이루어졌다.

8 · 15광복 후에도 청계천의 유지관리에 힘써 왔다. 1958년 6월부터 복개공사에 착수하여 1960년 4월에 1단계로 광교~주교(舟橋) 1~4가 간을 완공하여 너비 50m의 간선도로를 만들었다. 1967~1976년 청계고가도로를 건설, 상류에서 성동구 사근동까지 5.4km 구간은 복개되었으나 중랑천 합류 지섬까지의 2.4km 구간은 복개되지 않았다.

1990년대 들어와 청계천 주변의 복개도로와 고가도로의 안전 문제가 제기되자, 1994~1999년의 5년에 걸쳐 남산 1호 터널에서부터 청계 4가에 이르는 길이 2,030m의 상판과 다리 기둥, 들보를 보수했다. 2002년에는 청계 4가에서 성동구 마장동 사이에 이르는 길이 3,834m의 상판을 교체하는 보수를 마쳤다.

청계천 복원공사 기공식 장면(2003. 7. 1)

2003년 이명박 서울시장은 청계천 복원을 위한 '청계천 복원 타당성 조사 및 기본계획'을 발표하고 본격적인 복원사업을 착수했다.

2003년 7월부터 시작된 서울시의 청계천 복원사업 구간은 광화문 동아일보사 앞에서 성동구 신답철교까지의 구간으로 5.8km에 이른다. 7월 1일 0시를 기해 청계고가도로 시작점인 광교 진입 램프가 차단됨으로써 청계천 공사가 시작되었다. 이 당시 청계천을 복원하게 된 결정적인 이유는 다음과 같다.

첫째는 도시교통의 혼잡과 통과교통의 과다이다. 당시 하루 16.8만 대의 교통량을 보였고, 이 가운데 62.5%는 단순 통과 목적이었다. 둘째는 청계천 도로변의 대기 환경수준을 측정한 결과, 대기오염과 소음 등 환경수준이 악화했다. 셋째는 청계천 복개공사를 거치면서 석축은 상당 부분 소실되고 역사유적이 훼손되었기 때문이다. 넷째는 서울 도심의 한복판에 있는 청계천 지역의 교통문제, 대기오염, 주택과 건물의 노후화 등으로 상주인구가 감소하자 도심재생과 지식기반 산업의 육성을 모색할 필요성이 제기되었기 때문이다(서울특별시, 2002).

서울시는 공사 기간을 단축하기 위하여 전체 구간을 3개의 공구로 나누었다. 제1공구(2km)는 태평로 입구에서 광장시장까지, 제2공구(2.1km)는 광장시장에서 난계로까지, 제3공구(1.7km)는 난계로에서 신답철교까지로 정했다. 제1공구는 역사지구, 제2공구 중 오간수문 서편까지는 문화지구, 나머지 구간은 자연생태지구로 하여 구간별 특징을 살리도록 했다. 고가구조물과 복개구조물 철거, 하천 복원, 유지용수관 건설, 하수도 정비, 교량 건설, 조경 공사 등의 모든 공정이 각 구간에서 동시다발적으로 이루어졌다. 청계천 복원공사는 이렇게 2년 3개월이라는 짧은 시간 안에 완료해, 2005년 10월 1일 청계천에 물이 다시 흘렀다.

그러나 엄밀한 의미에서 청계천 복원은 원래 상태로 되돌아간 것이 아니라 새로운 인공구조물의 창조인 것이다. 복원이란 '원래의 모습을 회복한다', 즉 원래대로 회복함을 의미하나, 어느 시대로 되돌아간다는 논의조차 없었다(전우용 외 6인, 2012). 따라서 청계천 복원은 인공하천을 만드는 도심재개발에 불과하며 '복원'이라기보다 '개발'이라고 하는 편이 낫다는 의견도 있다(양희경 외 3인, 2013).

청계천 복원은 21세기에 적합한 환경을 배려한 하천, 자연환경과 현대적인 가로경관이 조화를 이루며, 서울의 역사를 공유하고 회복하는 상징으로서 큰 역할을 했다는 의견(박찬필, 2012)과, 청계천은 산업화, 근대화라는 근대국가의 신화와 친환경 도시 행태라는 현대국가의 신화가 표상화된 공간이라는 평(오윤호, 2008)도 있다.

그럼에도 불구하고 청계천을 찾은 사람들에게 청계천과 서울의 역사와 주변의 일상과 자연을 경험하고 즐기는 공간으로 변모했다. 나아가 21세기에 맞게 문화관광 및 생태하천으로의 전환이라는 측면이 강조되어야 할 것이다. 청계천 변 친수형 산책길을 조성하는 것만으로도 청계천이 시민은 물론 많은 방문객에게 큰 매력을 주고 있다.

2 ⟨ 고산자교에서 살곶이다리까지

김정호의 이름을 딴 고산자교

청계 생태길 중 마지막 청계코스인 고산자교, 신답철교, 제2마장교, 사근용답간 인도교, 살곶이다리에 이르는 구간은 주로 인근 지역주민의 건강증진과 생태계 회복에 초점을 두고 있다. 그동안에는 청계천을 '다리'의 수와 위치에 얽매여 모전교에서 고산자교까지의 구간에 관해서만 관심을 가졌지만, 최근 들어 지역주민들의 삶의 질, 운동 기회 제공, 생태계 보호를 위하여 중랑천과 합류하는 끝부분까지 청계천을 연장하여 살펴볼 필요성이 제기되고 있다. 이에 따라 청계 생태길은 자전거 코스와 어린이용 물놀이시설, 어린이 자전거 안전체험학습장, 생태학교, 황톳길 등을 조성하여 청계천 전 구간을 방문하려는 사람들에게 매력을 주고 있다.

두물다리 다음, 마지막 다리인 고산자교는 동대문구 용두동 34번지와 성동구 마장동 470번지 사이 청계천에 있는 다리로 2005년 9월 30일에 폭 43.2m, 길이 88m로 준공되었다. 다리 이름은 이 다리를 지나는 도로명이 1984년 조선시대 지도 제작에 힘써 「대동여지도」를 만든 고산자(古山子) 김정호(金正浩)의 호를 따서 고산자로라고 한 것에서 유래되었다.

김정호는 우리나라의 가장 대표적인 지리학자로 서울 지도인 「수

선전도(首善全圖, 1825)」뿐만 아니라 전국 지도인 「청구도(靑邱圖, 1834)」, 「동여도(東輿圖, 1857)」, 「대동여지도(大東輿地圖, 1861)」를 제작했다. 그런데 「수선전도(首善全圖)」에는 한양도성 안쪽만 그려져 있고, 정작 고산자교는 성 밖에 있어 제외되어 다리 명칭의 부여가 아이러니하다.

고산자교 부근을 자세히 살펴보면 충주시에서 기증받은 사과나무 100그루를 찾을 수 있다. 고산자교부터 살곶이공원을 거쳐 한강 합수부까지는 자전거 주행을 위한 전용도로가 설치되어 젊은 남녀들이 데이트 겸 운동을 위해 많이 찾고 있다. 이보다 더 하류 쪽으로 가면 마장2교에서 용답육교 사이에 2006년 경남 하동군이 매실나무 350주를 심어서 조성한 '하동 매실거리'가 나온다. 그리고 인근에는 담양 대나무 숲도 조성되었다. 이처럼 청계천 생태길에는 전국의 여러 지자체가 참여하여 생태계 복원에 기여했다.

'#성동에 살아요' 표지판

고산자교를 지나면 '#성동에 살아요'라는 표지판이 몇 군데 세워져 있다. 성동구에는 왕십리 판잣집, 금오동 달동네, 청계천 변, 성수공단 등이 오랫동안 자리 잡아 낙후된 지역이라는 인식이 있었다. 그러나 왕십리에 뉴타운이 생기고 달동네였던 금호동은 고급 주거지가 되었으며, 청계천은 자연생태가 잘 보존된 서울의 깨끗한 하천으로 사랑받게 되었다. 주민들은 이렇게 변화된 성동구의 모습을 자랑스럽게 생각하면서 '#성동에 살아요'라는 성동사랑 캠페인을 전개하고 있다.

마장 축산물시장

고산자교를 지나면 신답철교 서쪽에 마장 축산물시장이 나온다. 마장동 축산물시장은 수도권 축산물 유통의 60~70%를 담당하는 대표적인 축산물 전문 도소매 시장이다. 면적은 11만 6,150㎡이며, 총 3,000여 개의 점포로 이루어져 있다. 연간 이용객 수는 약 200만 명, 종사자 수는 약 1만 2,000명에 달해 단일 육류시장으로는 세계에서도 유례를 찾을 수 없을 정도로 큰 규모이다. 시장 입구에는 먹자골목과 고객지원센터가 있고 시장 한가운데는 벽천광장과 고기 익는 마을 등이 분포한다.

1963년 종로구 숭인동에 있던 우성산업 도축장이 마장동으로 옮겨오고, 도축장 주변에 소의 내장과 돼지의 부산물을 판매하는 상점이 점차 늘어나면서 마장동 우시장(현재의 마장 축산물시장)이 자연스럽게 형성되었다. 당시 오전 4시부터 10시까지 6시간 동안 매매가 이루어졌고, 하루 최대 소 250여 마리, 돼지 2,000여 마리가 도축되었다. 1998년 도시개발로 이 일대에 아파트와 초등학교가 들어서면서부터 35년간 운영되었던 마장동 도축장이 문을 닫았지만, 축산물시장은 계속 남아 오늘에 이르고 있다.

마장 축산물 시장

2002년 10월에는 시장 중앙통로에 지붕을 씌우고, 전기 · 통신 시설, 하수관 등을 정비하여 시설을 개선했고, 길을 넓히고 소방도로를 만들어 화재에 대비했다. 마장 축산물시장은 전국의 축산농가에서 매시간 배송되는 축산물과 수입고기를 취급한다. 원산지와 가격표시가 의무화되어 있고, 가격은 대형마트보다 20~30% 저렴한 편이다. 상인들은 빠르게 변해가는 유통환경과 고객의 요구에 대처하기 위해 3정 운동(정품 · 정량 · 정찰제)을 실시하고, 반품과 교환이 가능한 소비자센터 운영, 무료 시식회, 명절맞이 합동 세일, 축산물시장 축제 등 다양한 이벤트를 벌이고 있다.

버들습지(청계 8경)

고산자교 동북쪽에는 버들습지가 있다. 버들습지는 '청계 8경' 이자 청계천의 마지막 비경이다. 청계 1경에서 7경까지가 사람의 손길이 묻어나는 인공적 공간이었다면 8경은 오롯이 자연이 주인이다. 즉, 청계천 구역 중에서 가장 생태 친화적인 공간이다.

버들습지는 갯버들이나 매자기, 꽃창포 같은 수생식물의 서식 환경을 조성하기 위한 습지다. 수생식물의 성장을 바탕으로 어류나 양서류 등의 생물 서식도 이뤄진다. 메기나 버들치, 피라미 같은 어류도 종종 만날 수 있다. 특히, 조류 보호구역으로 지정돼 청둥오리는 물론이고 흰뺨검둥오리, 중대백로 같은 새들이 날아든다.

버들습지

생태탐방로 데크길이 조성되어 있어 편안한 산책을 즐길 수 있고, 청계천 생태해설사의 설명을 들을 수 있어 아이와 함께 방문해도 좋다. 또 겨울에는 철새탐조교실 프로그램이 열린다.

청계천 철새보호구역

고산자교를 지나 신답철교로 가다 보면 야생화 학습장, 청계천 생태학교, 생태습지원 등이 보여 이 지역이 청계천의 살아있는 생태 공간임을 깨닫게 된다. 이 지역은 2006년 3월 청계천 철새보호구역으로 지정되었으며, 고산자교부터 중랑천 합류부까지 2km 구간, 361,316㎡ 면적이다.

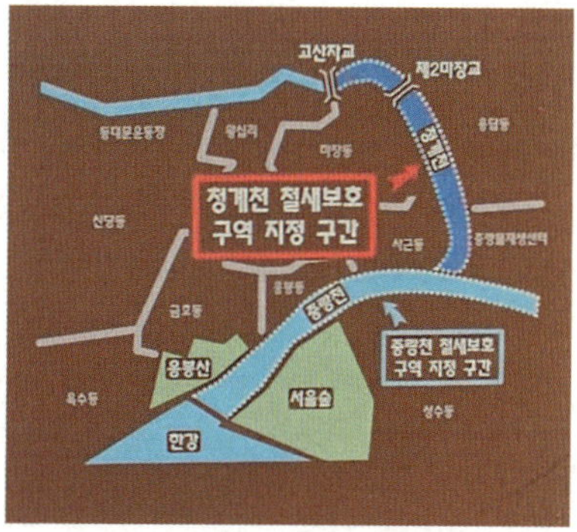

청계천 철새보호구역 현황도

고산자교 바로 아래에 있는 제2마장교는 성동구 마장동 767번지에 있는 다리다. 1969년 6월 건설되었고, 이후 1979년 11월 확장되었다. 그 후에도 교통량이 증대하여 폭 33m, 길이 136m로 확장공사가 다시 이루어져 1990년 12월 30일 준공되었다. 제2마장교 방향에는 마장어린이꿈공원이 설치되어 있다.

인도를 따라 걷다 보면 '소' 조형물을 발견할 수 있다. 이는 서울시설공단이 고양시 한우농가에 서울 도시녹지와 청계천에서 자라는 녹색 풀 사료를 공급해 주어 고품질 한우를 생산하는 데 기여했다고 해서 회원 농가들이 뜻을 모아 2008년 9월 24일 설치한 것이다.

서울시설공단이 조사한 청계천 동물상 지도를 보면, 청계천 전역에 다양한 동물이 서식하고 있는데, 특히 청계 생태길(고산자교~중랑천 합수부)에서 많은 조류, 어류, 양서류, 파충류, 저서동물, 육상 곤

마장어린이꿈공원

충이 발견되고 있다. 식물은 청계천 전 지역에서 골고루 분포하는데, 고산자교~중랑천 합수부 구간에서는 물억새, 둥근잎유홍초, 매듭풀, 명아주, 환삼덩굴, 망조, 꼬리조팝, 개망초, 억새 등이 자라고 있다.

청계천 철새보호구역에서는 야생 동 · 식물의 포획과 채취가 금지되어 있다. 또한 하천 구조를 변경하거나 건축물, 기타 공작물의 신 · 증축 등 개발행위도 해서는 안 된다. 그리고 허가 없이 보호구역 내 출입도 금지되며 기타 자연생태계를 훼손해서는 안 된다. 우리 모두 지켜야 할 시민의 준수사항이다.

청계천 생태습지원과 곤충호텔

마장어린이꿈공원과 청계천 생태학교는 자라나는 청소년들에게 쉼과 생태학습의 기회를 제공하고 있다. 지하철 마장역이나 신답역을 이용해서 접근할 수 있는 청계천 생태학교는 청소년과 직장인을 대상으로 다양한 생태교육을 시행하고 있다. 2023년 8월에는 국립생태원과 공동으로 '청계천의 민물고기와 저서 무척추동물', 11월에는 겨울 특별 프로그램으로 '청계천의 야생조류'를 주제로 생태체험 활동을 진행했다. 청계천 생태학교는 도심 속 생태하천으로 복원된 청계천의 생태기능과 서식생물에 대한 이해를 통해 환경생태 보호의 중요성을 배울 수 있는 탐방 및 체험행사를 운영한다.

청계천생태학교 현장체험 프로그램

제2마장교를 지나 중랑천 합류부 2km 구간은 중대백로, 왜가리, 논병아리, 흰죽지, 백할미새, 청둥오리, 쇠오리, 고방오리, 비오리 등 다양한 철새들이 찾아오는 곳이다. 이어 청계천 종점부로 가면서 마장 어린이꿈공원, 성동구 자전거 교통안전교육 인증제 프로그램 운영시설, 하이킹 코스, 맨발로 걷는 황톳길이 조성되어 있다. 청계천 생태습지원은 자연환경보전법에 의한 생태계보전협력금으로 조성되었다.

청계천 생태습지원의 주요 시설은 수생식물원, 밀원식물원, 식이식물원, 소생물 서식지, 양서파충류원, 창포원, 잠자리습지원, 다층식재원 등이다. 특히 자연 속에 사람과 곤충이 함께 어울려 살아가도록 설치한 곤충호텔 표지판이 눈길을 끈다.

곤충호텔

곤충호텔은 기본 틀 안에 돌멩이, 나무와 같은 자연물부터 벽돌, 나뭇가지, 나뭇잎 등 다양한 재료를 꽂아서 만든 작은 구조물이다. 호텔에서 곤충들은 편안하고 안전하게 겨울을 나고 알도 낳고 성장한다. 곤충호텔은 힐링가든을 넘어 오가닉(oganic)에 가까운 영역이다. 힐링가든이 인간의 치유에 초점이 맞춰져 있다면, 오가닉은 사람과 식물과 동물(곤충)의 공상(共相)을 지향한다. 참고로 영국 런던의 러셀 스퀘어에 가면 높이 9미터의 세계에서 가장 큰 곤충호텔이 있는데, 나뭇가지나 낡은 책, 장난감, 종이, 휴지에 이르기까지 아주 다양한 재료들로 만들어졌다고 한다. 어린이들의 손으로 곤충들의 거처를 짓는 데 참여한다면, 곤충은 잡아 죽여야 할 존재가 아니라 함께 살아야 하는 생명으로 받아들일 수 있을 것이다.

제2마장교를 지나면 인도교, 제5세월교를 통해 용답역, 신답역을 이용할 수 있으며, 용답동 푸르밀 로데오와 배봉산~청계천 간 녹지순환길로 들어갈 수 있다. 특히 인도교를 통해 동쪽으로 가면, 용답역이 나온다. 이 지역에서 2017년 방영된 드라마 「도깨비」를 촬영했다는 간판이 세워져 있다. 그리고 용답역 육교에는 운명적 사랑을 이어주는 반지와 연인을 상징하는 메밀꽃을 모티브로 '사랑의 반지' 의자도 만들었다.

드라마 "도깨비' 촬영지 안내판

드라마 「도깨비」는 2016년 공유, 이동욱, 김고은 등이 출연하여 인기를 끌었다. 불멸의 삶을 끝내기 위해 인간 신부가 필요한 도깨비, 그와 기묘한 동거를 시작한 기억상

실증 저승사자, 그런 그들 앞에 도깨비 신부라 주장하는 '죽었어야 할 운명'의 소녀가 나타나며 벌어지는 신비롭고 낭만적인 이야기다.

살곶이공원과 살곶이다리 이야기

용답나들목교를 지나 살곶이공원으로 가다 보면 맨발로 걷는 황톳길이 조성되어 있다. 이 황톳길은 지역주민들의 건강증진에 기여하고 있다. 그리고 '동심의 여행', '토끼의 꿈', '결실', '블루드림(Blue Dream)' 등 각종 조각작품을 노천에서 전시하고 있으며, 철새 조망 시설도 있다.

살곶이공원의 조각작품 '동심의 여행'

살곶이공원에는 지역주민을 위한 인조잔디 축구장, 파크골프연습장, 인라인스케이트장, 야외농구장 등 체육 시설을 조성해 놓았다. 살곶이공원은 중랑천과 연결되는데, 중랑천은 다양한 식물관, 물속생물, 그리고 새들이 서식하는 공간이다. 청계천과 중랑천 합수부에서 한강 합류부까지는 '중랑천 하류 철새보호구역'으로 지정되어 있다. 흰죽지, 청동오리, 왜가리, 황조롱이, 원앙 등 다양한 철새들이 도래하는 곳이다.

중랑천 철새보호구역 안내판

마지막 종점부는 한양대학교 남쪽에 있는 살곶이다리다. 성동구 사근동 102번지 남쪽, 현재 성동교 동쪽에 자리한 돌다리로서 중랑천에 놓여 있다. 살곶이다리는 조선의 수도인 한성부와 한반도 남동부를 잇는 주요 교통로에 놓여 충주 지방을 연결하는 주요 통로였다. 살곶이 앞에 있다고 하여 살곶이다리라고 했고 한자명으로 전곶교(箭串橋)라고 한다. 살곶이다리는 현존하는 조선시대 돌다리 중 가장 길다. 이 다리는 세종 때 유명한 건축가인 박자청(朴子靑)과 유연현(柳延顯)의 감독으로 세운 것으로 현재까지도 사용하는 서울 최고(最古)의 다리다.

살곶이다리

세종 때 이후 사업이 중단되었다가 이 길을 자주 이용하는 백성들 때문에 다시 만들 필요성이 제기되어 1475년(성종 6)에 다시 공사를 시작하여 1483년(성종 14)에 완성되었다. 마치 '평평한 평지를 걷는 것과 같다' 하여 '제반교(濟盤橋)'라고도 불렀다. 『한경지략(漢京識略)』 권2 교량조(橋梁條)에는 공식 명칭이 제반교라고 기록되어 있고, 『용재총화(慵齋叢話)』에 의하면 "스님이 살곶이다리를 놓으니 그 탄탄함이 반석(盤石)과 같다고 하여 성종이 제반교라 어명(御名)한 것"으로 기록되어 있다. 제반교가 언제부터 살곶이다리로 불렸는지는 명확하지 않으나 이 고장의 지명이 살곶이평(箭串坪)이라는 데서 온 것으로 보인다.

살곶이다리의 높이는 하상(河上)으로부터 10척(3m) 내외이며 기둥의 높이는 4척가량(1.2m)이다. 좌우에 교안(橋岸)을 장대석으로 쌓고 네모난 돌기둥 교각을 16개소에 세웠다. 교각의 간격은 대략 11~13척(3.3~3.9m) 정도이며 돌기둥 위로 장대석 3장을 건너지른 다음 그 위에 다시 귀틀을 놓아 청판돌을 받게 한 구조다. 기둥돌 아래에는 물밑의 받침돌이 네모난 주춧돌을 지탱하고 있으며 주춧돌 사이에는 포석을 깔아 기초를 단단히 했다.

살곶이다리에는 태조 이성계와 태종 이방원의 서슬 퍼런 갈등을 담은 이야기가 전해진다. 조선을 건국한 이성계는 아들 이방원이 왕자의 난을 거쳐 태종으로 등극하자 함흥으로 내려가 한양으로 돌아오지 않음으로써 이방원의 등극을 부정했다. 그 후 신하들의 간곡한 청으로 함흥에서 돌아오는 태조를 태종이 이곳 중랑천 하류에서 천막을 치고 아버지를 맞이했다. 당시 태조와 태종의 불화를 간파한 하륜(河崙)은 "상왕 전하께서 아직 노여움이 가시지 않은 듯합니다. 뚝섬에 상왕 전하를 맞이할 차양을 칠 때 굵은 기둥을 세우고, 만약에 상왕께서 활을 쏘시더라도 몸을 피해야 합니다"라고 말했다(이경재, 2002). 하륜의 말처럼 태조가 태종을 향해 활을 쏘았으나 태종이 재빨리 기둥 뒤로 몸을 숨겨 태조의 화살을 피할 수 있었다. 이후 태조는 태종의 목숨을 해치는 것을 단념했다고 한다. 이때 태조가 쏜 화살이 태종을 맞히지 못하고 땅에 꽂혀 이 지역을 화살이 꽂힌 곳이라 하여 살꽂이 혹은 살곶이라 불렀다는 이야기가 전해진다.

현재는 중간 부분이 훼손된 채 양쪽 가장자리만이 원형을 보존하고 있으며 보물로 지정되어 있다. 지금은 튼튼하게 복원 건설했지만, 수십 년 전까지만 해도 홍수가 나면 살곶이다리가 무너져 떠내려가곤 했다. 서거정(徐居正, 1420~1488)은 '서울의 십경을 노래하다'라는 뜻의 「한도십영」이라는 시 가운데 여섯 번째인 '전교심방'에서 살곶이는 꽃구경으로 유명했다고 노래했다.

살곶이다리는 역사적으로 많은 흔적이 남았다. 세종 즉위 후 태종은 광나루에서 매사냥을 즐기고, 살곶이에 있는 낙천정(樂天亭)과 풍양이궁(豊壤離宮)에 수시로 행차했다. 1926년 순조의 국장행렬이 창

箭串橋을 지나시는 行列

출처: 서울역사아카이브.

살곶이다리를 건너는 순종 국장행렬

덕궁 돈화문로에서 종로와 청계 3가를 거쳐 훈련원 터에 장례식장을 마련했으며, 국장행렬은 이곳 살곶이다리를 거쳐 경기도 금곡의 유릉(裕陵)까지 이어졌다.

맺음말

청계천의 매력적인 콘텐츠들을 잘 관리하자

이 책은 청계천을 3개 구간으로 나누고 다시 9개의 구역으로 세분하여 구간별 · 구역별 특징적인 콘텐츠를 살펴보았다. 우선 첫 번째 구간인 청계광장에서 세운교까지의 **'청계 역사길'**은 다양한 역사문화 콘텐츠가 분포하고 이를 현대적으로 활용하기 위한 다양한 시설들이 분포함을 밝혔다.

첫째, 청계광장에서 모전교까지의 구역은 청계천 여행의 시작점이다. 여기에는 무엇보다 청계천 복원을 계기로 새로 조성된 청계광장과 청계천 상징탑 '스프링', 박범신의 청계천 축시, 소망석과 팔석담, 그리고 주변 지역에 조성된 신문박물관, 다동 · 무교동 음식문화의 거리를 둘러볼 필요가 있다.

둘째, 모전교부터 광교까지는 모전교와 그 주변 지역의 이야기가 전해져 내려오며, 수표교와 더불어 가장 널리 알려진 광통교가 있으며, 여기에는 태종과 성종에 관한 이야기가 나온다. 또한 광통교 주변에서 생겨난 육교시사와 전기수 이야기, 답교놀이도 전해져 온다. 이 주변에는 오늘날 한국 관광의 중요한 조직인 한국관광공사의 한국

관광홍보관 '하이커 그라운드'도 있다. 또한 조선 초기에 조성된 운종가와 관련된 내용도 많이 전해지고 있다.

셋째, 광교에서 삼일교 구역은 근대화 시기에 은행가 거리였으며, 박태원 소설의 배경이기도 하다. 또한 이 주변에는 보신각과 젊음의 거리가 있다. 장통교에서는 왈자 이야기가 전해지고 있으며, 주변에 개천도감과 준천사가 입지해 있었다. 또한 3.1 빌딩은 서울관광타운의 역할을 하며, 서울시 관광안내센터가 있어 여행자들의 명소가 되고 있다.

넷째, 삼일교에서 세운교까지는 청계천 복개사업과 청계고가도로가 건설된 곳이다. 삼일교 변 남쪽에 베를린광장이 조성되어 있으며, 한국천주교 창립 터 표석도 있다. 광통교 변 석벽에는 정조대왕능행반차도가 새겨져 있다. 개천 북쪽에는 전태일기념관과 전태일의 길이 조성되어 있다. 수표교는 연날리기 풍습과 숙종과 장희빈이 만났던 사연과 두 번 장가간 이안눌 이야기, 정수동 이야기도 전해져 온다. 그리고 관수교에서는 석전놀이가 깃들어 있으며, 배다리 이야기도 전해진다.

다음으로 두 번째 구간인 세운교에서 무학교까지의 **'청계 활력길'**은 서울의 대표적인 산업공간으로 다양한 쇼핑활동이 이루어지고 있으며, 국내외 관광객들이 찾아오고 있음을 밝혀냈다. 구역별 특징은 다음과 같다.

첫째, 세운교에서 오간수교까지는 청계천의 산업화 기능을 담당하면서 노동운동의 성지이기도 하다. 세운교와 세운상가, 배오개다리 · 새벽다리 · 마전교 이야기가 전해져 온다. 이 지역은 광장시장과 평화시장, 동대문시장과 청계천 시장을 중심으로 여러 시장이 형성되어 있다. 오간수교에 가기 전에는 패션 광장과 문화의 벽이 설치되어 사람들의 이목을 끌고 있다. 소수이지만 청계천 헌책방거리가 아직도 남아 있다.

둘째, 오간수교부터 영도교까지 구역은 한양도성 축조 때 조성된 오간수문과 오간수교 및 남소문동천과 이간수문, 훈련원 터와 가산에 얽힌 이야기와 맑은내다리와 청계천 물 이야기, 영조의 준천사실과 정조어필, 준천가에 관한 내용이 시선을 끈다. 또한 주변의 흥인지문과 흥인지문공원, 동대문역사문화공원이 여행객들을 사로잡는다. 그리고 이 지역은 동대문 패션타운 관광특구가 지정되어 쇼핑의 명소이다.

셋째, 영도교부터 무학교까지 구역은 영도교 이야기, 단종과 정순왕후의 전설이 전해진다. 주변에 관우 사당 동묘가 있으며, 다산교 인근에는 청계천 빨래터가 설치되어 있다. 황학교 주변에는 서울풍물시장이 형성되어 많은 사람이 찾아온다. 또한 소망의 벽과 리듬벽천이 조성되어 있다. 비우당교 주변에는 류관의 우산각과 비우당 일화가 전해져 오고 있다.

끝으로 세 번째 구간인 무학교부터 살곶이다리까지의 **'청계 생태길'**은 생태계 복원이 잘 이루어져 지역주민을 위한 레저 스포츠 시설들이 들어서 있으며, 최근에는 인근 지역주민들이 생태체험과 자전거 주행 등을 위해 많이 찾아오고 있어 앞으로 여행의 명소로 각광받을 수 있다. 2개 구역별 특징은 다음과 같다.

첫째, 무학교에서 고산자교까지의 구역은 무학대사의 전설을 담은 무학교와 청계 7경인 하늘물터(존치교각)가 조성되어 있다. 그리고 두물다리의 상징성을 방영하여 청혼의 벽이 조성되어 있으며, 청계천박물관 앞 천변에 청계천 판잣집 '도시 오아시스'가 설치되어 있다. 청계천박물관에서는 청계천의 역사와 더불어 2000년대 들어와 청계천 복원 과정을 종합적으로 살펴볼 수 있다.

둘째, 청계천의 마지막 구역인 고산자교에서 살곶이다리까지는 한마디로 말해 진정한 생태길이며 지역주민의 레저 · 스포츠 공간이다. 고산자교에 얽힌 이야기와 현대에 들어와 살기 좋은 곳으로 변모한 성동구의 노력이 돋보이며, 오랜 명성을 가진 마장 축산물시장도 들를 수 있다. 생태공간으로 탈바꿈한 버들습지와 청계천 철새보호구역도 조망할 수 있다. 끝으로 살곶이공원과 살곶이다리 이야기가 전해진다.

지속가능한 청계천을 만들자

청계천은 이제 고궁, 남산타워, 광화문광장, 명동 등과 함께 서울을 대표하는 장소가 되었다. 서울시민은 물론이고 서울을 찾는 전국민과 외국인들에게도 빼놓을 수 없는 관광명소로 자리 잡았다. 청계천의 복원과 동시에 서울의 새로운 명소가 되었으며, 서울을 상징하는 랜드마크 구실을 하고 있다.

조민호 교수는 청계천 복원사업이 완료되자, 청계천 장소마케팅을 주장하면서 정치 논리가 아닌 여가 · 관광, 그리고 경제의 논리로 접근할 것을 권고했다. 그러면서 청계천을 역사 문화, 쇼핑, 생태벨트의 기능을 갖도록 해야 한다고 했다(조민호, 2008).

청계천은 조선왕조의 수도가 된 이래 600년 가까이 서울 한복판을 흐르면서 서울 주민의 일상적 시선을 자극하고, 일상생활과 밀접한 관계를 맺었던 중요한 공간이다. 조선시대의 청계천은 도성 내 가로와 건축물의 배치를 규정한 풍수적 요인으로서의 명당수였으며, 도성민의 생활을 지원하는 빨래터이자 하수도였다. 이곳은 또 명절의 놀이터였고, 거지들의 생활 터전이기도 했다. 이처럼 청계천은 서울의 한복판을 흐르는 도시 내 소하천으로서 수많은 도시 기능을 감당해야 했고, 그런 만큼 풍부한 상징성을 지닌 곳이다(전우용, 2001). 청계천박물관의 전시자료를 보면, '이제 청계천에서 놀아요'라는 전시자료를 발견할 수 있다.

청계천은 조선시대 서울이 만들어질 때부터 우리와 함께했던 개천이에요. 여기서 사람들은 먹을 물을 구하고, 빨래도 했어요. 그러다가 그 위를 덮어 자동차가 달리는 도로를 만들었답니다. 20여 년 전까지 청계천은 도로 밑에 숨어 있었어요. 시간이 흘러 도로는 낡고 주변은 소음과 교통혼잡, 매연으로 뒤섞여 지저분한 모습이 되었어요. 그래서 서울시는 사람들에게 물길을 되찾아 주기로 했어요. 땅속에서 다시 나온 청계천은 바람길이 되어 더운 도시를 식혀주고, 많은 사람의 쉼터가 되고 있어요. 이제 교각만이 청계고가도로의 옛날을 기억하고 있어요(청계천박물관 전시자료).

청계천 복원사업이 진행되었을 때 서울시민들은 청계천 복원 시 바람직한 주변 모습으로 환경생태를 기반으로 다양한 주변부의 창출을 선호했다. 당시 '환경 · 생태거리'가 59.6%, '문화 · 예술거리'가 24.2, '쇼핑 · 패션거리'가 10.2%로 나타났었다.

그리고 청계천 복원 시 가장 중요하게 고려할 문제 역시 '환경 · 생태'를 1순위로 들었으며 다음으로 휴식 공간, 도시미관 등을 들었다. 다시 말해 친환경적 복원을 통하여 문화관광 기반을 보강하는 것이었다(서울특별시, 2006). 복원사업이 완료된 지 20년이 지난 현재, 완벽한 생태복원은 되지 않았지만 청계천 변의 문화관광 공간, 상업 · 쇼핑공간, 생태 · 운동공간의 영역이 크게 개선된 것은 분명하다.

청계천 복원에 대한 서울시민의 생각

구분		비율(%)
청계천 복원 시 바람직한 주변 모습	- 환경·생태거리 - 문화·예술거리 - 쇼핑·패션거리 - 금융·벤처거리	59.6 24.2 10.2 4.0
청계천 복원 시 가장 중요하게 고려해야 할 문제	- 환경·생태 - 휴식 공간으로서의 쾌적함 - 도심 전체 미관 - 지역경제 활성화	39.4 25.8 22.8 11.2

자료: 서울특별시(2006)

실제 서울시민을 대상으로 한 데이터이긴 하지만 관광 및 여가활동을 목적으로 방문한 서울 시내 주요 시설 중에서는 '한강공원'(31.3%)이 가장 높고 다음으로 청계천이 20.5%로 상당히 높게 나타났다. 그런데 서울 내 관광 및 여가 연상 이미지는 '고궁'이 9.7%로 가장 높게 나타났고 다음으로 '한강/한강둔치 공원'(9.1%), '경복궁'(8.1%), '남산'(4.5%) 등의 순으로 나타났다. 그러나 청계천은 1.2%로 18위에 그치고 있어 아쉬움을 준다(서울관광재단, 2023).

서울시민의 서울 시내 주요시설 방문비율

순위	주요시설	비율(%)
1위	한강공원	31.3
2위	청계천	20.3
3위	롯데월드	12.6
4위	DDP	10.9
5위	월드컵공원/하늘공원	9.1
6위	서울남산타워	7.8
7위	선유도공원	5.9
8위	서울시청사	4.3
9위	청와대	4.1
10위	63시티	3.9

자료: 서울관광재단(2023), 2023 서울시민 관광실태조사.

청계천의 방문객 수는 완공했던 2005년 1,184만 명에서 2024년 1,539만 명으로 꾸준히 유지되고 있다. 서울시설공단 홈페이지를 보면, 완공 이후 2025년 2월 말까지 약 20년간 총 3억 209만 명이 방문한 것으로 나타났다. 그리고 1일 평균 이용자는 4.7만 명이다. 그런데 청계천 이용자 수가 초기에 반짝 증가했으나 점차 감소 현상이 나타나고 있으며, 코로나19로 인해 2020년에는 연간 872만 명에 그쳤으며, 이후 꾸준히 증가추세를 보이고 있으나 아직은 만족스럽지 않다.

따라서 청계천의 이용을 확대하기 위해서는 청계천 변에서 문화관광행사를 지속적으로 개최하는 방안이 필요하다. 그리고 월별로 보면 10월에 10.5%, 11월에 9.7%가 방문하고 있으나 2월에 4.7%, 1월에 5.2%로 나타나 월별 · 계절별 편차가 심한 현상을 극복할 필요가 있다. 이를 위해서는 청계천 관련 콘텐츠의 지속적 발굴과 이벤트 개최와 같은 홍보 활동이 필요하다.

이제 청계천은 하드웨어의 조성이 일정 수준에 도달했다는 점에서 다음 단계로 지역경제 활성화를 위한 한류 관광의 명소로 육성해야 한다. 즉 '선'에서 '점'별 육성에서 이제 '면'의 관점에서 주변지역의 문화관광 콘텐츠를 발굴하고 더 육성해야 한다. 서울시설공단에 따르면 2023년 180편의 드라마와 영화가 공단 운영시설에서 촬영되었는데, 그중 가장 많은 촬영이 진행된 장소는 청계천이었다. 이 외에도 다양한 기업의 광고 및 홍보 동영상 등 총 77건의 영상이 청계천에서 촬영되었다.

따라서 청계천, 지하도 상가 등 서울시설공단에서 운영하는 서울 시내 시설 곳곳이 각종 드라마 · 영화, 예능 촬영 명소로 주목받도록 적극적인 마케팅을 전개해야 한다. 청계천이 한류 · 관광의 명소가 되기 위해서는 「겨울연가」의 촬영 배경지로 부상한 후 외국 관광객이 계속해서 증가해온 민간사업체 '남이섬'의 성공사례를 벤치마킹할 필요가 있다.

서울의 관광경쟁력을 키우자

컨설팅기업 커니(Kearney)의 글로벌 도시지수(GCI)를 보면 서울의 경쟁력 하락이 염려된다. 서울은 2015~2021년 순위가 11위→11위→12위→12위→13위→17위→17위로 하향 곡선을 그리고 있다. 커니의 GCI는 도시경쟁력의 대표적인 잣대이다. 2017~2021년의 톱30 순위 속 1~4위는 5년 연속 뉴욕, 런던, 파리, 도쿄이다. 2021년도 동아시아만 보면 도쿄와 서울 사이에 베이징(6위), 홍콩(7위), 싱가포르(9위), 상하이(10위)가 들어 있다(오영환, 2022). 서울의 경쟁력 저하는 관광경쟁력을 약화시키는 요인이 될 수 있다는 점에서 관광지향형 도시로서의 위상을 확보할 필요가 있다.

다행히 서울시의 관광경쟁력을 긍정적으로 볼 평가 결과가 없는 것도 아니다. 관광 · 부동산 부문 글로벌 컨설팅업체 레저넌스 컨설턴시(Resonance Consultancy)가 2023년 10월 3일 발표한 『세계 최고의 100대 도시 보고서』(2024년 판)에서 최초로 10위 안에 포함된 서울에 대해 "김치와 K팝, K드라마, K뷰티의 도시. 전 세계에서 가장 성공한 밴드인 BTS의 근거지이자 영화 「기생충」이 탄생한 곳…특히 팬데믹 이후 인기가 급상승한 카리스마 넘치는 도시"라고 소개했다(김현진, 2023).

여기서 주목할 점은 서울을 찾는 관광객들은 이미 경복궁이나 인사동 같은 전통적인 관광 코스를 벗어나 '현지인 감성(local vibe)'을 찾고 있다는 것이다. 서울관광의 경쟁력을 키우기 위해서는 청계천변 곳곳에 분포한 역사문화 및 생활문화 콘텐츠를 부단히 재구성하고 연계하여 소비자들에게 제시하는 '활용법'이 중요하다는 것을 보여준다(장병권, 2024).

청계천도 그러한 관점에서 접근해야 한다. 서울관광을 대표할 수 있는 핵심 자원과 콘텐츠를 선정하고 이를 관광과 연계하여 성과를 내는 융합적 사고가 필요하다. 최근 일본의 경우 외국인 관광객이 급증한 이유는 정부 차원에서 강력한 '관광지향적 정책'을 강력하게 추진했던 사례를 주목할 필요가 있다. 일본은 '관광입국추진기본법'을 제정하면서 '관광지향 국가'를 정책목표로 설정하고 다양한 관광융합형 사업을 추진한 것이 주효했기 때문이다(장병권, 2020).

우리 서울도 도시 및 관광경쟁력을 높이기 위해서는 다양한 관광지향적 정책을 추진하고, 청계천의 관광명소화도 그중 하나로 적극 추진할 필요가 있다. '근자열 원자래(近者悅 遠者來)'라는 말처럼 우선 서울시민들이 많이 찾을 수 있는 다채로운 문화행사와 관광축제를 개최할 필요가 있다. 그래야만 전국은 물론 외국에서도 청계천을 보기 위해 적극 방문하게 될 것이다. 안타깝게도 청계천은 문화체육관광부와 한국관광공사가 격년으로 발표하는 '한국관광 100선'에도 포함되지 못하고 있다. 따라서 서울시 차원에서 청계천의 명소화를 위한 노력을 강화할 필요가 있다.

이제 청계천을 하드웨어로만 보지 말고 무한한 콘텐츠의 보고(寶庫)로 인식하여 서울관광의 경쟁력을 높이도록 해야 한다. 청계천은 조선 개국 이래 풍부한 역사와 이야기들을 보유하고 있는 동시에 산업화 시대의 주역으로서 상가와 시장 등을 갖고 있다. 여기에 21세기에 들어와 생태친화형 하천으로 탈바꿈하여 관광과 연관성이 많다.

따라서 청계천을 단일산업 중심으로 육성하기보다는 기존에 유지되어 온 다양한 산업생태계에 관광을 접목하는 '관광융합형 청계천 생태계'를 구축하는 것이 필요하다. 이러한 구상을 통하여 청계천은 기업하기 좋은 청계천, 살고 싶은 청계천, 재미있는 청계천으로 도시와 기업, 지역주민, 관광객 모두 만족스러운 혜택을 얻을 수 있다.

참고문헌

강우원(2001), '세운상가의 30년 존재 담론', 청계천: 시간, 장소, 사람, 서울시립대학교.

고동혼(2007), 조선시대 서울 도시사, 태학사.

고성민(2021.5.22.), '한국 아파트 60년 1: 60년대 '불도저 개발'의 잔재, 주거지 없는 삼일아파트', 조선비즈.

권기봉(2008), 서울을 거닐며 사라져가는 역사를 만나다, 알마.

권오만(2002), '종로: 둥지로서의 여러 모습', 시간, 장소, 사람, 서울시립대학교 서울학연구소.

권오만 외(2002), 청계천: 시간, 장소, 사람, 서울시립대학교 서울학연구소.

김영상(1989), 서울육백년, 한국일보사.

김왕직(2007), 알기 쉬운 한국건축 용어사전, 동녘.김용관(2012), 서울, 한양의 기억을 걷다, 인물과사상사.

김현정(2019.12.10.), '서울에 심어진 평화의 씨앗 청계천 베를린광장', 메트로.

김현진(2023.11.03.), 선망의 도시에서 본 미래… '서울 활용법'을 점검하라, 동아일보.

남기범(2002), '종로경제경관의 변화: 상업경제에서 상징경제로', 시간, 장소, 사람, 서울시립대학교 서울학연구소.

네이버 지식백과(2024), 홈페이지.

노주석(2014), 서울 택리지, ㈜태일소담.

도견재(2020), 한양이 물길을 걷다, 도서출판협동조합.

문학정보(2022.8.17.), 박지원 허생전 해석.

박경룡(2015), 역사문화의 도시, 서울, 도서출판 수서원.

박경룡(2016), 서울역사문화의 산책, 도서출판 수서원.

박찬피(2012), 다시 태어난 청계천, 기문당.

박현욱(2006), 서울의 옛 물길 옛 다리, 대덕인쇄.

배우리(2018), 청계천의 옛 다리들, 이야기 저장소.

서울관광재단(2023), 서울시민 관광실태조사.

서울시립대신문(2020.07.14.), 청계천의 과거와 현재를 만나다.

서울시설공단(2024), 홈페이지.

서울역사박물관(2006), 청계천, (주)시티파트너.

서울역사박물관(2019), 수표교.

서울역사박물관(2020), 청계천 지천 연구.

서울역사박물관 외(2010), 서촌1, 역사·경관·도시조직의 변화, 서울역사박물관.

서울역사편찬원(2009), 서울지명사전.

서울연구원(2006a), 청계천 지역의 문화적 이용과 발전방안.

서울특별시(1972), 서울통사(상), 광명인쇄공사.

서울특별시(2002), 청계천의 역사와 문화.

서울특별시(2002), 도심재생과 청계천 복원계획(2002~2006).

서울특별시(2006), 청계천 복원사업 백서(1).

서울특별시(2009.6.17.), 종로 2가 '젊음의 거리' 문화와 테마가 있는 쇼핑공간으로 새롭게 탄생(보도자료).

손아람(2019.12.16.), '수백년 파내고 들어엎기를 반복한 청계천, 민초들의 운명과도 닮아 있다', 경향신문.

송인호(2001), '청계천로의 도시조직', 청계천: 시간, 장소, 사람, 서울시립대학교 서울학연구소.

신병주(2015. 2. 29), '영조의 청계천 준천사업 "100년 홍수 막겠다" 위민(爲民) 철학 담겨', 매일경제.

신정일(2019), 신정일의 신 택리지, 쌤앤파커스.

양승국(2023.4.21.), '영조 때 했던 청계천 준설공사와 방산(芳山)', 우리문화신문.

양승우(2020), '물의 도시, 한양의 수계, 서울역사박물관', 청계천 지천연구.

양희경·심승희·이현군·한지은(2013), 서울 스토리: 장소와 시간으로 엮다, 청어람미디어.

오영환(2022), '서문', 서울의 길을 묻다, 서울특별시.

오유석(2001), '청계천과 동대문시장', 청계천: 시간, 장소, 사람, 서울시립대학교 서울학 연구소.

오윤호(2008), 청계천 복원과 이야기의 상상력-;'맑은내 소설선'을 중심으로, 문학과환경학회, 문학과 환경, 제7권 제1호.

유본예 지음, 권태익 옮김(2016), 한경지략, 탐구당.

유하영(2013.10.), '청계천의 어제와 오늘: 흑색과 녹색이 공존하는 도시화의 양면', 한국사회학회소식.

이경덕·박재영(2016), 국내 시장백과, 가디언 출판사.

이경재(2002), 청계천은 살아있다, 도서출판 가람기획.

이규태(2008), '왜 청계천이라 불렀을까?', 박성수 편저, 청계천 끝나지 않은 신화, 도서출판 사닥다리.

이덕무, 靑莊館全書, 권12.

이명은(2023.1.30.), '일상 속의 청계천, 역사와 함께 책방거리도 만나세요!', 서울시 내 손 안에 서울.

이상구(2003), 역사도시 서울, 무엇을 지키고 가꿀 것인가?, 청계천 대토론회(주제: 청계천 복원에 따른 도심부 발전방안) 발표자료.

이상해(2014), 한양도성의 인문적 가치, 서울특별시 주최 제4차 한양도성 학술회의: 한양도성의 인문학적 가치, 서울중앙우체국 대회의실.

이우성·임원택(2018), 이조한문단편집, 창비.

이자영(2015), 소설 '천변풍경' 속 청계천, 인간과 하천, 11권 1호.

이제이·성종상(2016), '문헌을 통해 본 조선 후기 꽃놀이 명소의 경관 특성', 한국조경학회지, 34:2.

이헌청(2006), 한국사에서의 수도집중, 한국사연구회, 한국사연구.

장병권(2020), 관광대국의 길, 백산출판사.

장병권(2024), 한양도성의 길, 백산출판사.

전우용(2001), '청계천과 천변: 공간과 상징의 역사적 변천', 청계천: 시간, 장소, 사람, 서울시립대학교 서울학연구소.

전우용 외 6인(2012), 청계천: 청계고가를 기억하며, 마티.

정성원(2006), 청계천 역사 여행, (주)도서출판 청년사.

조광권(2005), 청계천에서 역사와 정치를 본다, 교보문고.

조민호(2008), '청계천, 서울의 랜드마크화 하자', 박성수 편저, 청계천 끝나지 않은 신화, 도서출판 사닥다리.

조선일보(2005.10.1.), 청계천 이름의 유래.

조정육(2022.8.21.), '강남 물난리와 영조의 청계천 프로젝트', 주간조선.

종로구(1994), 종로구지(상권).

중구청(2023.9.4.), 을지로입구역 다동무교동 음식문화거리(안내자료).

채호석(2006), 구보를 따라 청계천변을 걷다, 한국문화예술위원회, 문화예술, 4월호.

청계천박물관(2018), 남소문동천.

청계천박물관(2019), 천변호텔, 3.1아파트.

청계천박물관(2020), 청계천 벼룩시장 황학동.

청계천박물관(2024), 전시자료 참조.

푸른숲발도르프학교(2011.11.23.), 공간21: 청계천, 제1권.

홍의호·강세륜·강준흠(2024), 조선의 선비 서울을 노래하다, 학자원.

홍지윤(2010), 청계천 유적으로 본 조선시대 도성변천, 숭실대학교사학회.

지은이 **장병권**

한양대학교 관광학과를 졸업하고 동 대학원에서 관광정책을 연구하여 문학박사 학위를 받았으며, 현재 호원대학교 교수로 재직하고 있다. 주요 관심사는 관광정책과 지역관광이다. 2009년부터 14년간 한국관광학회 부회장직을 맡으며 산하 관광자원개발분과학회장, 편집위원장, 관광교육위원장, 시니어연구위원장, 관광정책위원장(현) 등을 역임했다. 대학 내에서 항공관광학과 교수로 재직하면서 새만금관광연구센터 소장을 맡고 있으며, 부총장, 기획처장, 대외협력처장, 입학처장을 역임하며 대학발전에 힘을 보탰다. 대학 외에서는 문화체육관광부, 한국관광공사, 한국문화관광연구원의 자문위원 · 심사위원 · 편집위원 · 초빙연구위원 등으로 활동했고, 강원랜드 · 하이원리조트, 서울관광재단, 경기관광공사, 인천관광공사 등 공기업의 자문위원을 역임했다. 국무총리실 새만금위원회 민간위원, 새만금개발청 총괄자문위원 등을 역임했으며, 전라북도문화관광재단과 전북개발공사 사외이사, 전북연구원 초빙연구위원을 역임했다. 관광ODA와 관련하여 카자흐스탄, 동티모르, 적도기니 등에 대한 관광계획 및 정책과제를 개발했다. 관광산업의 중요성과 육성의 필요성을 널리 알리기 위해 서울신문, 교통신문, 전라일보, 새전북신문 등의 언론에 객원필진으로 100여 편을 칼럼을 기고했다. 주요 저 · 역서는 『한양도성의 길』, 『관광대국의 길』, 『관광정책론』, 『레저관광심리학(공역)』, 『한국관광행정론』, 『국민관광론』, 『현대관광론(공역)』, 『관광과 공공정책(역서)』, 『관광학총론(공저)』, 『문화정책의 역사적 변동과 전망(공저)』, 『글로벌 리더로서 관광을 말하다(공저)』 등이 있다. 국가 관광진흥에 기여한 공로로 대통령 표창, 문화관광부장관 표창을 받은 바 있다. 그리고 2024년 한국관광학회로부터 제1회 '백산학술상'을 수상했다.

e-mail : pkchang@howon.ac.kr

저자와의
합의하에
인지첩부
생략

여행자를 위한 **청계천 인문학**

2025년 4월 25일 초판 1쇄 인쇄
2025년 4월 30일 초판 1쇄 발행

지은이 장병권
펴낸이 진성원
펴낸곳 (주)백산출판사
교　정 박시내
본문디자인 신화정
표지디자인 오정은

등　록 2017년 5월 29일 제406-2017-000058호
주　소 경기도 파주시 회동길 370(백산빌딩 3층)
전　화 02-914-1621(代)
팩　스 031-955-9911
이메일 edit@ibaeksan.kr
홈페이지 www.ibaeksan.kr

ISBN 979-11-7385-023-3 03980
값 19,500원